宇宙全史別巻2

誰が地球に残るのか

はじめに

2014年6月に出された「20年後世界人口は半分になる」（まんだらけ出版）という本では近い将来に日本から始まる地球全体の大浄化のスケジュールが記されています。

そしてその大浄化の後には、ユートピア（理想郷）が実現し、そこに残れるのは限定された人々だけになることも書いてあったはずです。

その「地球に残るのは誰か」という命題は、差し迫った大浄化の前には人々にとって「私はこの地球に残れるのだろうか」という切実な命題といえるかもしれません。

そこでこれまで人類の代表だったと評されている人たちに焦点を当て、彼らが果たしてどうなっていくのかを見ていただいて参考にしていただけたらと思います。

またその過程ではこれまでの歴史で「偉人」「聖人」「英雄」と評されている方たちの実態が明らかにされていくのも事実としてあるのですが、そこにはこの宇宙全史というワークの始まりに降ろされた言葉「自らの常識を疑え」が常にキーワードとしてあったのです。

それではこれから37人の人類の代表と評される人たちがどうなっていくのかを調べていくことにします。

なおこの本は既刊の「20年後地球人口は半分になる」をベースにして書かれたものですから、出来ればまずそちらを熟読してから読まれると分かりやすいかと思います。

さらにその「20年後…」の本は、「宇宙全史」関連の書籍をベースにしていますから、本格的に勉強しようという方は、「宇宙全史」第一巻、「質疑応答」1、2、3巻をお勧めします。

宇宙全史のワークはこれまでの精神世界の常識を覆すものですから、書籍だけで理解していくのは中々難しいかもしれません。

やがて宇宙全史のワークを段階に応じて解説してくださる講師のような方たちが多く出て来られるようですから、皆さん方も少しは学びやすくなるかも知れません。

また「宇宙全史」のワークには「非公開情報」というカテゴリーもありますが、この本を書いている時点（２０１６年・１月22日）では新規の申し込みが停止されています。

それはひとえに私のエネルギーの問題でして、そこが解決すると再開する可能性もあるのですが、明確に何時になるのかは特定できない状況です。

非公開情報は宇宙全史のワークを真剣に学んでいこうという方には必須のカテゴリーになるのですが、私の不甲斐なさが如実に出た局面です。

（非公開情報に関しましてはリアルタイムで変更がありますので、なるべくウェブ上で確認して頂くか、パソコンが苦手な方はまんだらけに直接お電話いただければお答えいたします・宇宙全史担当まで）

また書籍だけでは学びが薄いという方たちには、ウェブ上での質疑応答がまんだらけのホームページに開設されていますのでそちらをご覧ください（宇宙全史で検索されるとすぐに見つかると思います）。

みな様の質問にはこれまで出来るだけお答えしてきていますが、諸事情により次第にそれも出来なくなりつつあるのも事実です。

しかしお答えしなければならないものは出来るだけするように努めています。

宇宙全史別巻2　誰が地球に残るのか

目次

第1章　オバマ大統領

政治家、第44代アメリカ合衆国大統領
生年：1961
出身地：ハワイ（アメリカ）

イリノイ州議会上院議員・連邦上院議員を歴任した後、2009年にアメリカ初のアフリカ系大統領となる
同年、核兵器の廃絶に貢献したとしてノーベル平和賞を受賞
2012年に再選を果たし現在にいたる

ホワイトハウスの闇

彼個人の進退を問う前にアメリカ大統領という大きなカテゴリーの有り様を少し歴史をさかのぼって見てみます。

あまり詳しく明らかにすると私の身（宇宙全史のワーク）が危ないので、大まかなところで書いておきます。まずはアメリカの建国当時の裏事情に少し触れておきます。

以前宇宙全史ではホワイトハウスには巫女（シャーマン）がいて、その巫女によりアメリカの国政が左右されていると書いたことがありました。確かにそうなのですがホワイトハウスの中に巫女が鎮座しているというわけではありません。

大統領の背後に3人のフィクサーっぽい人物がいます。2人が白人でもう1人はプエルトリコ系か何か褐色系の人物ですが、彼らが囲う巫女の情報を持って大統領を（ほぼ）コントロールしています。

彼らは大統領の執務室に出入り自由で、大統領の秘書なども彼らを認識してはいますが「大統領の部下だ」くらいにしか思っていません。

彼らはフリーメイソン系に属するものですが、フリーメイソンとハッキリ出ては来ません。フリーメイソンの流れにはありますが、また別の組織です。それもフリーメイソンと並ぶほどの強力な組織といってもいいかもしれません。

この3人と巫女を含む組織がホワイトハウスの実権を握っていることは確かで、これも宇宙全史で明らかにしていました日本の実権を握っている華族のようなものです。

この組織が代々のアメリカ大統領を操りアメリカ合衆国を支配して来ています。

そういう伝統のようなものが存在し、新たな大統領が就任するたびに刷り込み（洗脳のようなものです）が行われています。

そんなに簡単に大統領が洗脳されてしまうものかと疑問が残りますが、実際洗脳されているのです。

洗脳といいますと皆さんは催眠術か何かのように思われるでしょうが、（確かにそういうものもありますが）もっと巧妙に様々な手管で相手の心を懐柔していきます。例えば血縁関係などはよく利用されているもので、単純な姻戚関係を結ぶというだけではなく、「血」というもののつながりを一種の呪術的なもので操るという事もしています。

（この洗脳という問題は非常に大きな問題で、今ここで深く掘り下げることはしないのですが、どうも地球における「支配」対「被支配」という図式の基本的な原動力のようなものになっています。私たちは自分たちの尊大なエゴにより「自分だけは洗脳などされない」と過信している節がありますが、意外と簡単に人は洗脳されてしまうのです・その内詳しくお話しします）

さて「20年後の…」の本を読んだ方はすでに察知されているでしょうが、このホワイトハウスに影響を与えている巫女の源流は陰始につながっています。

そしてその巫女を使って大統領を、ひいてはアメリカを支配しているのはあの３人を代表とするフィクサー組織ですが、彼ら自身はブラックな裏の組織とは全く思っていません。日本の華族と同じように「アメリカ合衆国のため」という純粋な思いでホワイトハウスを動かしています。

時はアメリカ独立の時以前に戻ります。

独立宣言は1776年ですが、その前にアメリカを独立させようと動いていた人物が何人かいました（たくさんいましたが主だった人物はそう多くはなかったのです）。

その中の一人（経済人ですが）がこのホワイトハウスを操る閨閥《けいばつ》の源になっています。

彼の名前は全く出てこなくて、歴史の表舞台からその形跡は完全に消し去られています。かなり頭のいい人物で、操るには表に出ない方がいいという事をよく知る者でした。

しかし彼が源流ではあるのですが直系ではなく、代々引き継がれていく中で大きく複雑になっていったことは確かでした。政治活動のコントロールはもちろんですが、その力を保つため経済活動も自由にコントロールできる立場を利用して、裏で莫大な資産と利権を保有するようになっています。

もちろん大統領とはいえ単純にその3人のフィクサーにいわれたことをそのまま実行できるかといいますと中々そういうことは出来ないのですが、他の政治家とも裏ではいろんな形でつながっているという事がいえます。例えば血縁関係だけではなく、養子縁組、利権関係などの形でキチンとつながっている裏の組織があるのです。

そういう政治閥や経済閥というのがあるのですが、そこに入らなければオバマさんは大統領にはなれなかったという事がありました。表立ってはもちろん国民による投票で選ばれていますが、その投票すらもコントロールすることができるのがこの組織なのです。

最近だとブッシュ（41代と43代→親子ですが41代の方です）大統領の時にそういう不正がありました。また票の操作まで行かなくても人心の操作は他でもやっています。

オバマさんも最初に大統領になった時はやはり理想はあったのです。

黒人の、有色人種の初めてのアメリカ大統領ということで、仲間を守ろうという気持ちはありましたし、対外的に見ますとそういう評価点は確かにありますが、彼自身の気持ちがすでに今はもう支配者層の精神になってしまっているのです。ホワイトハウスという環境の中でだんだんと洗脳され、それが積み重なり、支配者層の走狗といいますか、使い魔のような者に成り下がってしまったという事があります。

そして今彼は「諦めと絶望」の方に偏ってしまっています。

その洗脳された方に従わないといけないという気持ちがとても強くなってしまっているのです。それは自分の意志ではなく例え他人により洗脳された結果だとしても、その洗脳状態がずっと長く続くとそれは「自分の意志」という事になってしまうのです。

彼はこのままでは地球を去っていくという事になります。

それは自分がこの地球にいたくないと選択したわけではないのですが、洗脳者たちにより自らの意志のように置き換わってしまった状態でも、それはその人の責任という事になってしまうのです。

地球を去るというそういうパターンもあるのです。

オバマ大統領はハワイ出身です。

しかし彼の父親はケニアから出ています。そして父親はそのケニアではエジプト系の巫女に支配されていたのです。

その巫女の影響により、

「同族支配」

「同族だけの利益を守るための支配」

「生きていくための支配」

そういうものがオバマの家系に刷り込まれていたことも事実でした。その因子をオバマ大統領は血として引き継いでいたのです。

大統領官邸の巫女

この巫女は歴代の大統領に影響を与えて来ていますが、一人という事ではなく代替わりはしています。それは例のフィクサー組織の連中がどこかからそういう素養のある子供を見つけてきて（さらって来てといった方が近いかもしれません）、子供の状態から仕込んでいきます。

今のオバマ大統領に影響を与えている巫女は黒人で30歳くらいの女性です。この巫女はオバマ大統領の時から始めていますが、中には何代かに渡ってつながっていた巫女もいました。巫女もやがて歳をとるにつれ能力が弱ってきたり、組織の者たちの都合に合わなくなったりしますと引退させられます。

引退させられた巫女は殺されるわけではないのですが、強制的に隠遁生活を強いられています。通常人里離れた遠いところに追いやられますが、国内の時もありますが大体は海外が多いようです。

例えば北欧の奥深い原野とか森の中とかですが、食料や生活必需品はちゃんとそこで亡くなるまで支給されています。

第2章　織田信長

戦国時代〜安土桃山時代に活躍した武将
生没年：?〜1582
出身地：尾張国／現在の愛知県（日本）

　1557年に家督争いを経て尾張国の守護職につくと、今川義元、浅井長政、朝倉義景といった有力大名や比叡山延暦寺を下し、1573年には将軍に擁立していた足利義昭を京から追放して室町幕府を事実上滅ぼした
　その後も徳川軍と組んで武田家を滅ぼし、次は高野山を攻め落とし中国へも侵攻しようと画策する中、家臣の明智光秀が謀叛を起こした為に自害した（本能寺の変）

地球を去るのは個人なのか集合魂なのか（初めて明かされる幽異界の全貌）

織田信長を見るときに問題になるのは、このキャラがサタンから派生しているという事です。サタンの履歴は「宇宙全史」第一巻でほぼ明らかにされましたが、新しいところではこの織田信長とヒトラーに出ています。

そこで問題なのは、サタンは一般の人間と異なりその集合魂といいますか、その本体のエネルギーが大きく、一般人と比較して論じることが出来ないという事があります。

ネット上の質疑応答でも少し書いておきましたが、サタン自体はこれからの20年間で地球を去るもの、残るもの、更に上級の世界に移行するものと3通りの選択肢を持っています。

この本では「地球を去る」というテーマで様々な著名人を調べていくのですが、彼らはあくまでも個人であり、この地球を去るのがその個人なのかそれともその大元の集合体である集合魂もまとめて地球を去っていくのかどうかという疑問があります。

それに関しましては、

「個人だね」

というお答えが降りて来ています。

つまり地上で生きて「あの世」に戻った個人の魂がその進退を問われるという事です。

集合魂はまた集合魂で別に判断されますが、ここでは個人の魂に焦点を当てて見ていきます。

地上で道を過ち、カルマを積み、迷い込んでしまった魂はあの世に戻っても（死んでも）すぐには集合魂には戻れません。集合魂から派遣された守護霊などが必死に戻そうとしますが中々難しいようです。もちろん亡くなってすぐにスムースに集合魂に戻る方もおられますが、かなりの数の魂が幽冥界に漂っています。

この幽冥界は一般的には地獄界、少し上の段階ですと通常の冥界、幽界というカテゴリーになりますが、集合魂に戻れない魂はすべてここにいることになります（「宇宙全史」第一巻では「下幽界」「上幽界」と呼んでいました）。

ただ宇宙全史の段階が進んできますと、霊界構造自体のカテゴリー分けが変わって来ていまして、この世（現実界）以外の世界を総じて「想念界」と呼称しています。

その中でも６次元界以下の世界を「幽冥界」とまとめてしまっています。

ですからこの「幽冥界」の中には、「宇宙全史」第一巻で区分けされていた霊界構造の中で、下から下幽界→人間界→上幽界→霊界→６次元阿頼耶識界《あらやしきかい》→さらに上がありますが、この霊界までを総じて幽冥界と称することになっています。

ここで少し霊界構造における幽冥界のお話です。

亡くなった人間はまず幽冥界に行きます。ダイレクトに集合魂に戻る方もおられますがそれは稀です。

そこで現在どれくらいの魂が幽冥界にいるのか確認しました。なぜなら地球のアセンションは地上では肉体人間の総体の波動で決まりますが、あの世のアセンションは幽冥界の波動で決定されるからです。

しかし確認しても幽冥界の魂の数が中々出ません。ＪＵＭＵ（自由夢）などはキッチリとその辺りは把握しているはずですのでさらにお聞きしますと「把握はしているがあまりにも数が多すぎて…」というお答えです。

数が多いといっても人類の総数はたかが知れていますし、3億年前からの人類史を考慮しても1兆は行かないんじゃないかと思いますので再度確認します。

すると、

「幽冥界にいる魂の数は人間ばかりじゃないからね」


というお答えです。

この発言で幽冥界の新たなビジョンが見えて来たのです。

大事な新情報ですので長くなりますのでかいつまんで書いておきます。

① 私たちに直接関係する霊界の幽冥界には人間だけの魂がいるわけではない
② 幽冥界には動物はもとより植物、昆虫、魚などありとあらゆる生命の魂が存在する
③ そして幽冥界には細菌やウィルスなどの極微生物の魂もいる（細菌にもウィルスにも魂はあるのです・当たり前のようなお話ですが、これまでそこに焦点は当てていませんでした）
④ それ故幽冥界の魂の数は莫大なものになり、その数自体あまり意味がないものになっている

⑤　ここで問題なのは動物や植物などの魂は本来人間ほどのカルマは積まないのですが（多少は積むこともあります）、死んだ後はすべてこのゾーン（幽冥界）に集まることになっています

⑥　つまり植物や動物には天界といいますか、上位の霊界というものは存在しません

⑦　そしてわりと大雑把な言い方ですが、ばい菌や植物、動物の集合魂はこの幽冥界にあると考えてもいいようです

⑧　人間のように６次元（阿頼耶識界《あらやしきかい》）にキチンと集合魂という形があって囲われているという形は幽冥界では存在しない

⑨　しかし動植物の魂が幽冥界にいるといっても、それは自動的に６次元界につながっていて、幽冥界でありながら６次元界であるという有り様になっている

ここで再び「それでは幽冥界における人間だけの魂の数はいかほど？」という問いを出してみました。

「約60億」

ほぼ現在の地球人口と同じくらいです（ちょっと少ないですが、すぐに逆転します）。

この幽冥界の構造に関しましてはまだもう少し探究しているのですが、この本のテーマからだんだん外れていきそうですのでこれ位にしておきます。

どうもこの幽冥界というゾーンは、地球霊界構造上かなり広いスペースを占める感じがしています。そして地球霊界構造の土台といいますか、要《かなめ》っぽい感じになっているようです。機会があればまたいつか詳しく書きます。

個人の魂は地上でその役目（責務）を無事果たしますとスムースにその魂の集合魂に戻っていきます。そこで地上で得た経験や知識、培《つちか》ったエゴ意識などそのすべてを集合魂の中に溶け込ませ、個人という感覚は無くなってしまいます。

この過程が一般人のほぼ「覚醒」に当たります。

エゴをなくして大元に溶け込むというカラクリは、長い時を経た修行を積んで覚醒出来た覚者に似ていますが、完全覚醒した覚者たちは集合魂に囚われずもっと自由にその個人の魂のままこの宇宙を飛び回ることが出来ます（覚醒の段階によってはこの宇宙すらも超えたところまで行くことが出来るのです）。

彼らは個人の魂を持ったまま永久に存在することが許されますが、通常の人間が幽冥界で迷って集合魂に戻れないという状態も一見すると同じように個人の魂を保ったまま存在し続けることが出来ますので、覚者と同じ有り様かといいますと（似てはいますが）まったく異なっています。

それはその有り様に「自由」というものがないという事があるのです。

いつかまたこのあたりの事情は詳しくお話しします。

さて本題に戻します。

織田信長はサタンの集合魂から来ていますからサタンの集合魂に戻っています。

あれだけの悪行を重ねましたがそれでもちゃんと集合魂に戻っています。

「悪行」とはいいましたが、確かに一般的にはカルマをたくさん積んだような生き方をしていましたが、「サタンの集合魂」という地球ではかなり特殊な任務を任されている存在にとっては「当然のことをしたまで」という感覚ですんなりと集合魂に戻っています。

このあたりの事情は「宇宙全史」第一巻をよく読みこなさないと中々難しいかもしれません（一言でいいますと「歴史的必然性」の構築という事でしょうか）。


結局織田信長は集合魂に戻っていますから、信長の進退は結局はサタンの進退という事になってしまうのです。

その結果、

「去るもよし」

というお答えが返ってきます。


信長の意識や記憶はサタンの集合魂にすでに溶け込んでいますから、この回答はほぼサタンのものと考えていいと思います。

以前ウェブ上の質疑応答のＢＢＳでサタンもこの時期揺れ動いていて、いわば「白サタン」と「黒サタン」に分かれようとしていると書いたことがあります。

サタンの集合魂の中では、

「（地球を）去るもよし・残るもよし」

ということなのでしょう。

正確に調べますと今3分割しようとしています。

つまり、

「この地球に残りたいと思うサタン」

「もっと上のレベルに行きたいサタン」

「地球を去ってとことん悪を極めたいサタン」

この3つに分かれようとしています。

そしてサタンの片割れ（元々一つだった片方）のエル・ランティも同じような分裂をやむなくしているようです。

ただ実際はもっと複雑で、分かれていたサタンとエル・ランティの一部が再び合体するような存在も出て来て厳密に分けるとかなりの組み合わせになりますが、大まかに分けて3つと考えていいと思います。

このようにエネルギーのある集合魂には普通の人間の集合魂と異なりいくつかの選択肢が許されています。

第3章　太宰治

小説家
生没年：1909～1948
出身地：青森県（日本）

大地主の六男として生まれ主に乳母に育てられる
17歳の頃から作家を志し東京帝国大学文学部仏文科に入学
自らの生い立ちに対するコンプレックスを生涯払拭できず自殺を試みること複数回（二度目はカフェの女給、田部シメ子との心中未遂でシメ子のみ死亡）、38歳の時に愛人であった山崎富栄と玉川上水で入水自殺に至る

作品──『走れメロス』『ヴィヨンの妻』『斜陽』『人間失格』など

自殺常習者

彼に焦点を当てますとまず出て来る言葉が、

「世界はいらない」

です。

それは「自分はいらない」ということでもあり、世界と自分を隔絶したいという思いがすごく強くあります。

自分はいらない、抹消したい、消えてなくなりたいということは、その思いが「滅びたい」ということなのです。

つまり彼はこの地球には残れないことになります。

彼は生前頻繁に自殺未遂を繰り返しますが、その中でも女性を伴った心中バージョンの自殺が多いということがありました。

太宰自身は鬱ということもありましたが、その生き方自体が自堕落なくせに自尊心が強く、世間体を気にするというエゴが肥大した存在でした。

その彼が自殺に女性を引き込んだのは、女性たちの持つその生命力がうらやましかったということがあります。自分にないエネルギーに妬みと嫉妬などが絡み、作家という職業の持つステイタスと彼特有の美学や美辞麗句を駆使して女性たちをその気にさせています。

それに傾倒してしまった女性たちも女性たちですが、「私がいないとこの人は駄目」という思い込み、勘違いに引きずられてしまったということがありました。

太宰最後の自殺になります玉川上水の入水の時に一緒だった女性は山崎富栄でしたが、彼女は今どこで何を思っているでしょうか。

確認してみますと、

「下手こいた」


と一言来ました。

そして集合魂にも戻らず暗いところで恥じ入るように閉じこもってしまっています。下手こいたとわかっているのですからもう戻ってもいいのですがどうも恥ずかしくて仕方がないという感じです。

彼女がどの時点で「下手こいた」と自覚したか確認してみました。

それは「死ぬ寸前」でした。

つまり自殺する直前に「あ、しまった」と気づいていたのですが、そこまで感情におぼれ情に引きずられていましたから「ここまで来てしまったから仕方がない」と入水してしまっています。

二人の溺死体が発見されたとき太宰の安らかな死に顔に反して彼女のそれは、後悔と恐怖が入り混じった、見るに堪えないものでした。

太宰は自殺の常習者でした。

その時は薬（欝の薬）も飲んでいましたから、飛び込んだショックと薬物で気絶したまま亡くなっています。

それに反して女性の方は水中で死につつある時、太宰の情に巻き込まれ、これからという人生を無駄にしたという後悔と恐怖の中で死んでいっています。

太宰の生き方はまさに陰始そのもののような有り様を呈しています。

エネルギーもなく小心で嫉妬深く、そのくせ自尊心だけは人一倍あるのです。

その彼が陰始が去るこの地球に残ることはないというのは当然ですが、生存時もその後も彼の信奉者が多いのも事実です。

太宰が理解できる程度にちょっと頭が良く、ロマンチックな言葉や雰囲気に弱く、現実逃避の傾向が強い幼い女性に多いようです。

本物を見る目、真実を聞き分ける耳、その目や耳を獲得するには、情に流され、虚構に反応する自身のエゴを薄くしていくしかないようです。

第4章　モハメッド・アリ

元プロボクサー、元ヘビー級世界チャンピオン
生年：1942
出身地：ケンタッキー（アメリカ）

1960年のローマオリンピックにおいてライトヘビー級で優勝するも依然として人種差別の対象となる事実に憤り金メダルを川に投げ捨てプロに転向（この時ムスリム名の「モハメッド・アリ」に改名）

1964年にヘビー級王者ソニー・リストンを下してチャンピオンとなって以来、1981年の引退までの間に19回の防衛と三度の王座奪取に成功する
（この間、リング外でもベトナム戦争への徴兵拒否で政府と裁判で戦い勝訴）

現在はパーキンソン病と闘病中

1974年アフリカの（当時）ザイールでモハメッド・アリとジョージ・フォアマンのボクシング史上伝説となる試合が始まりました。

日本でもテレビ中継があった時、何か用があって帰郷していた私は実家でアナログテレビを囲む近所の大人たちとその試合を見ていました。


その3年前にフォアマンには負けていたアリでしたので前評判は圧倒的にアリ不利の予想でした。実際に試合が始まってもフォアマンの圧力にアリが防戦一方になっているような映像が流れ、アナウンサーや解説者の感想もアリの勝利には否定的でした。

テレビを見ていた周囲の人たちも同じような感想を述べていましたが、アリがカシアス・クレイと本名を名乗っていた頃からのファンだった私は、ロープに詰められているアリの目に敗色がまったくなく、防戦一方に見えるその姿もフォアマンを疲れさせる作戦だと感じていました。

おそらく世界中の人がそのテレビ中継を見ていたと思いますが、その中でアリの勝利を信じていたのは私だけとは思いませんが、非常に少ない数だったと思います（信じていたというよりも確信がありました）。


アリは引退後パーキンソン病を発症しています。

確か目も見えなくなっていたはずです。

その彼は果たして地球に残りたいと願うでしょうか。


「生きたい」

それが彼の今の心境です。

引退後ものすごく絶望した時期がありました。その時はやはり「死にたい」に傾いていましたが、いつの間にか「生きたい」に反転しています。

「どうなっても、どうあっても生きたい」すごく強い精神力の持ち主です。


さてアリはどこでその「死にたい」から「生きたい」の逆転をしたのでしょうか。

それは２００９年位から始まっていました。

世界の反転は２０１２年から始まっていますが、その３年ほど前に彼は「生きたい」と絶望の淵から戻って来ていました。

実は２０１２年、１３、１４年と始まる世界の反転の前の数年前から敏感な人たちや繊細な現象界においてはその兆しが現れていたのです。

アリはその潮流に気づいていました。


世界中のスポーツ関係者で私が最も好きなのがモハメッド・アリです。

彼が地球に残って、新しくなった地球で何をするのか、どう生きるのか見てみたい気がします。

第5章　宮本武蔵

江戸時代の剣豪
生没年：？～1645
出身地：不詳（日本）

「二天一流」を創始しその理法を『五輪書』として残す
生涯を通して行った60回以上の真剣勝負の全てに勝ったと言われ、吉岡一門や佐々木小次郎との決闘で知られる
武芸以外にも水墨画や工芸品を残している

宮本武蔵に関しましては、小次郎との巌流島での闘いを中心とした収録が終わっていますが、まだ世に出ないままになっています（これは「宇宙全史」第二巻に収録される予定です）。

そのため歯がゆい部分もあるのですが、とりあえず彼の進退を書いておこうと思います。

伝わるところによりますと彼の晩年の仕官に関する状況や、世間の評判などにはあまり納得していなかったということがあります。

そのため、

「私を認めろ」

「納得したい」

「くやしかった」

という思いが非常に強く、それが「残りたい」の主な要因となり、彼は地球に残り再挑戦することを選択しています。

それでは何を納得したいのでしょうか。

「自分の存在を納得したい」

絵をかいたりチャンバラをしたり、座禅なんかもやったみたいですが「まだ足りない」とどこかで思っています。

彼はエネルギーのある魂ですから究極は「覚醒」を願っているようです。

生存時は沢庵和尚とも多少の縁がありましたからその影響は受けていました。

実は沢庵和尚は魔導師でして、私の請け負っている集合魂の中の一人です。

魔導師としては変わり者でほぼ究極の覚醒を得ている存在です。

武蔵はその関わりの中で無意識的に自分の進む方向性を沢庵の中に見ていました。


すでに書きましたが新しい地球の時代に入っていくと、人々は本当に自由に健やかに生きていくことが出来る世になっていきます。

しかしどうも世界のセオリーとして、その世界の人口の20％程は指導者グループとして存在しなければならないようです。そのカテゴリーに武蔵は入り自分の思いを成就していくことにしています。

また実際にユートピアを作るためにはそういう覚醒を求めるようなエネルギー値の高い人たち、そういう存在が必要なのです。

ちなみにこれまでの地球上で沢庵さんほどの覚醒に達した人は非常に少なく０・００何％という数値です。

しかしそれが新しい世界になりますと3倍くらいにはなると思われます…が、3倍なのです。

やはりユートピアの地球でのんびりしたいという人がほとんどなのです。

で、飽き飽きして来てやっと「何とかしたい」と思い、新たな道を模索するという形になるのでしょう。

武蔵は実は集合魂には戻っていません。その執着の強さゆえにまだ幽冥界にいます。彼ほどの人でもそういう状態なのです。

しかし彼は彼の意志で地球に残り自己実現を果たしていこうとしているのです。

彼の集合魂は集合魂でまたそれなりの道を模索しています。

この収録の時期には地球に残ると意志した集合魂はまだ2、3割でしたが、2015年の秋頃にはかなり増えていたはずです（ウェブ上のBBSでその数値は書いておきました）。

武蔵の場合は少し特殊ですが、その魂の意志が非常に強力ならば例え幽冥界でとどまっていても「地球に残りたい」と願えば残ることが出来るのです。

つまり集合魂から離脱するような意志の強さといったらいいでしょうか。

一般的に高度な（究極に近いような）覚醒というのは、集合魂からもこの世界の因果律からも自由になれるというものです。

普通の人の覚醒は「集合魂に戻る」というのが基本です。

ですから武蔵の意志の強さは「ほぼ究極に近いような覚醒に匹敵する意志の強さ」といえるのかもしれません。

その上強力な執着というものを持っていますから、彼が本当の覚醒を果たしたらどういう覚醒になるのかは楽しみです。

また新しい世界の指導者としてどういう活躍をするのかというところも見てみたい気もします。

第6章　J・F・ケネディ

政治家、第35代アメリカ合衆国大統領
生没年：1917〜1963
出身地：マサチューセッツ（アメリカ）
　1961年、43歳の時に大統領に就任、宇宙開発や公民権法の成立、またキューバ危機の回避に貢献したとしての評価が高い
　1963年、テキサス州ダラス市でのパレード中に公衆の面前で暗殺された
（犯人として逮捕されたリー・ハーヴェイ・オズワルドが事件の2日後にダラス警察署の地下で射殺されたために事件の真相は謎に包まれたままである）

1963年にテキサス州ダラスで選挙キャンペーン中のオープンカー上で狙撃され暗殺されたケネディの報は一瞬で世界中を駆け巡りました。

まだ世界的なテレビ放送網などが整備されていない中でもその情報は人々の胸に「絶望」「恐怖」「未来への不安」「疑問」「悲しみ」というあらゆる負の感情をふりまきました。

私はまだ中学生になったばかりでしたが、それでも「大きく世界が変わる」、それも「悪い方に」という重苦しい気分にとらわれたことを覚えています。

通常宇宙全史ではここで「それではケネディは誰に殺されたのか」というところを掘り下げるのですが、今は焦点が少しずれますのでまた別の機会にします。

さて彼は新しい地球に残ることを選択するのでしょうか。

その答えは、

「地球には残らない」

彼はそう選択しています。

新しい地球よりもどこかより高度な世界へ行くというのではなく、「滅びる」という選択をしているのです。

在期わずか2年余りで米ソ冷戦時代のアメリカを牽引したケネディでしたが（確かにその力に反発する勢力もたくさんありましたが）、「新しい世界を創っていく」というビジョンのリーダーだった彼がどうして滅びの道を選んだのでしょうか。

アポロ計画で人間を月に送ると宣言したのも彼でした。

しかしそれは彼の表向きの顔、私たち一般人に知らされている情報でした。

私たちはアメリカは自由の国、移民の国というイメージを持っていますが、私が実際にアメリカに行って感じたものは「差別の国」という印象が非常に強くあります。確かに「自由」「多民族による多様性」「民主主義」というお題目はテレビ、映画、小説その他のメディアでも様々なパターンで繰り広げられていますが、現実は「差別の国」なのです。

そしてそれを大元から操っているのが陰始ではありますが、アメリカ大統領として自由を守るべき象徴であり、実権を持つ者としてのケネディは落第点を取ってしまっています。

もっと具体的にいいますとアメリカのリーダーとして彼は人々を正しい方向に導くということではなく、ケネディ家を守るという方向に力を注いでいたのです。

先ほどアメリカは「差別の国」だといいましたが、それは「支配」、「搾取」の構造を維持するためということもいえます。

確かに南北戦争などで黒人を解放したとはしていますが、それは形だけで、現実に差別は続き、白人以外の人々は搾取の対象としてアメリカの政治、経済構造に都合よく組み込まれ、その自由は制限されていたのです。

白人以外ばかりではなくアメリカには上流階級（ちょっと言葉は違うかもしれませんが）、支配者層を守っていくという構造が根付いています。

その中でもケネディはケネディ財閥といいますか閨閥《けいばつ》といいますか…政治閥のようなそういうものを…家系を守るということに、その力のほとんどを注いでいます。

それはケネディの両親（主に母親）から刷り込まれています。

陰始に関わる系統はやはり女性（母親）から引き込まれるということが多いようです。

ケネディ家の集合魂というものは存在しませんが、ケネディの属する集合魂というのはもちろん存在します。


しかし母親の集合魂とケネディのそれは異なるようです。

ケネディの天命を確認しました。


「架け橋をしたかった」


と出ます。

何の架け橋なのでしょうか。

中々お答えいただけないのですが、深く探ってみますと、

「ケネディ家と世界をつなぐ架け橋を作りたかった」


ケネディ家はすでに陰始と深くつながっています。

そのケネディ家とＪ・Ｆ・ケネディはつながりたかったのでしょうか。

そうではないようでケネディは陰始とつながりたいと思っています。

そして、

「お母さんの意志を継いで自分が」

という感じで、他の兄弟とか親戚関係をすべて蹴落としてというのが強く出ています。

「一番でありたい」

「誰よりも一番でありたい」

お父さんではなく母親の寵愛を一身に受け、その意志を継ぎたいと切望しています。

この母親への思いは彼の女性に対する好みに偏りを示しています。

簡単にいいますとマザコンでもありました。

ケネディの奥さんはジャクリーヌでしたが、１９５２年のパーティでケネディと出会っています。

そのパーティではケネディはもちろん気に入っていますが、紹介されたケネディの父親もいたく気に入ってすぐに結婚を決めています。

これはジャクリーヌがケネディの母親と似ているということが二人のツボを刺激していたのです。

似ているといいましても肉体的（容姿）にではなく、魂が似ていたという事がいえます。

そのためケネディは、結婚当初はジャクリーヌに「母性」を望みますが、ジャクリーヌは二人の新婚生活を夢見ます。

そのためすれ違いが発生し、ケネディは度重なる浮気に走るのです。
あまり報道はされていませんが、ケネディの母親とジャクリーヌの仲は最悪でした。
しかもお互い陰始系の似た者同士ですから、嫁姑争いは苛烈を極めたようです。

第7章　ガンジー

政治指導者、宗教家、「インド独立の父」
生没年：1869〜1948
出身地：グジャラート（インド）

　1893年に弁護士として開業するために渡った南アフリカで屈辱的な人種差別を受けたことからインド系移民の権利回復を目指し活動を始める
　第一次世界大戦後、戦中にイギリスが約束したインドの自治が実現しないことを受けて祖国でイギリスからの独立運動「サティヤーグラハ」を開始（1919年）、1947年には独立を実現した
　1948年、パトロンのビルラ家邸宅にて彼の親ムスリム的政策に不満を持つヒンドゥー至上主義団体のメンバー、ナートゥーラーム・ゴードセーによって射殺された（享年78歳）
　彼が提唱した「非暴力・不服従」の立場は今なお多くの人に支持されている

ガンジーは新しい世界に残ることは出来ません。

無抵抗主義の聖者といわれている彼がなぜユートピアとなる地球に残ることが出来ないのでしょうか。

この本ではこれまでの人類の歴史的評価の見直しが次々と記されていきます。そこには来たるべき新たな地球に残ることが出来る人々の評価基準といいますか、一種の関門のようなものが具体的に示されているはずです。

みな様方にはそれを参考にしてこれからの生き方を見直す基準にして頂ければ幸いです。

母親の意図

世界的な評価に関わらず新しい地球に残るかどうかは最終的に「自分の魂が何をのぞんだか」という部分が問われます。

彼の場合は「生きたい」というよりも家族、特に母親の意図を引き受けています。

そしてその母親（プタリバーイ）はまたその母親、つまりガンジーにとってのお婆さんからそういう意図を受け継いでいるのです。

マザー・テレサもそうですが、一見人の役に立っている…いわゆる人類のしがらみを突破しているような人たちにも闇はあるのです。

その闇とは「隠された意図」…「操られている意図」というもので、ほとんどの場合それらは母方の系譜から来ているものなのですが、当事者たちはほぼ意識はしていません。だからこそその闇は深いのですが、その母系の意図とは何だったのでしょうか。

まず出て来るのが「旧世界を壊したくない」という意図が出て来ます。今でもありますがインドには深く根付いた身分制度（カースト制度）があります。ガンジーの家系は当時の「正義」という観念にまみれてはいますが、実際は人々からエネルギーを搾取するという方向性を維持したいと願っていたのです。

ガンジーは母親から勤勉、誠実さ、厳格性などを叩き込まれています。「立派な人にならなきゃいけない」「立派な人を育てなさい」「優秀な環境をあなたに与えているのだから、あなたはそれに応えなくてはいけない」という形でがんじがらめにして、自分たちの「闇」をその「正義」にくるんでガンジーを洗脳しています。

その闇とは「自分たちを守るため」という闇ですが、それはそのまま「陰始を守るため」につながっているのです。

陰始に連なるガンジーの系譜

ガンジー自身は陰始のことなど何も感知していませんが、「母のためなら」「母の教えのためなら」という意識で潜在意識に植えつけられた教えを実行していきます。

母親というのは最初に子供を抱いたとき、育てるときに子供を見ますが、その時に「支配」を入れてしまうのです。特に陰始系の母親には強くそれがあります。

それでは母方の「闇」とはいかなるものだったのでしょうか。

それは「世界に対する憎悪」のような感じでした。

妬みや憎悪を彼らの「正義」や「優越感」に包み隠して教育しています。

でも母親やそのお婆さんも当時のインドでは裕福な家庭で育っています。何が彼女たちを憎悪させたのでしょうか。

ここに通常では知り得ない陰始の深い闇が隠されていました。


ガンジーの母方の家系は陰始に深く関わる集合魂でした。

そしてそこに生まれたガンジーもまた陰始に深く関わる集合魂から来ています。

母親やそのお婆さんは陰始の手先となる集合魂から来ていますから、世界を憎悪するというのは有り様として当たり前なのですが、そこにガンジーが生まれたというところに少しややこしいカラクリがありました。

陰始に深く関わる集合魂というのは数多《あまた》あるのですが、彼らは地上にその手先を降ろす時たまに異なる血を入れることがあります。

地上でいうところの「政略婚」のようなものですが、ガンジー家の場合は脈々と続く母方の陰始の集合魂の血脈に、新たなガンジーという魂が入っています。

ガンジーの魂はこれまた別な陰始に深く関わる集合魂から出ていますが、そのガンジーの魂を母方の集合魂が無理やり引っ張って来てガンジー家に入れているのです。

何故このようなややこしいことをするのかといいますと、一種の駆け引き、あるいは闘いのようなものでして、相手の集合魂（この場合はガンジーの集合魂です）を叩き潰すために自分たちをより強くするためにしています。

（同じ陰始に深く関わる集合魂でも（だからこそ）お互い憎みあい戦うのです）

それでもガンジーはそんなところに生まれなければいいと思うのですが、母方の集合魂には力があるので無理やりガンジーを引っ張ってくることが出来るのです。そしてまたガンジー側の集合魂も「やられたらやり返す」で力があるので、同じようなことをやり返しています。

この場合お互い陰始を反映する集合魂ですから世界に対する妬み、憎悪は当たり前のように根深く持っているのです。

それ（陰始のエッセンス）をいかに世界に反映させていくかが彼らの有り様だったのです。

こうして陰始の種を受け継ぐ集合魂はその系統に時たま新しい血を入れて活性化します。ガンジーの場合実際にインド全体をうまく取り入れ、世界中を取り込んでいたのです。

ガンジーの裏表

ガンジーは「無抵抗主義」で体制を崩そうとしていたように見えます。

しかし実際の彼の行動には、

「表向きの無抵抗主義とは裏腹にあの人の行動には少し齟齬《そご》がある」

というお言葉が月読之大神から降りて来ています。

あまり報道はされていませんが無抵抗主義というパフォーマンス以外に色々何かやっていたようです。

「無抵抗主義を抑えるような動きを自らやってるね」

「抑えるというか諦めさせるような動きを自らやっている」

つまり「無抵抗主義をやっても無駄だよ」というようなことを周囲の人たちにぼやいたりしています。ぼやくというよりは教育（洗脳に近い）をしています。

「こういうのやっててもしょうがねえな」

という感じのことをもう少し哲学的にいっていますが、無抵抗主義を推進しながらもそれを諦《あきら》めさせるような裏腹な言動や行動をとっています。

こういうことは一般的にはあまり知られていませんが、情報はわずかですが漏れているはずです。

それはガンジーの周囲にいた人にだけに彼の洗脳操作が影響していますが、一般人までは届いていないからです。しかしマインドコントロールとしては中々のもので、「諦め」という絶望感のようなものは確実に蔓延していたのです。

一般人に届いた「無抵抗主義」というパフォーマンスは世界中の人たちは認識していますが、現実にはインドというフィールドにいる人たちにはそんなに届いていなかったということがあります。

しかしガンジーが意識してそういう行動をとっていたかといいますとそういうことはなく、彼自身は「正義を貫いた」と思っています。

ただそれでも彼に葛藤がなかったわけではなく、常に不安を抱いていたことも確かでした。その不安とは「自分は果たしてちゃんと邁進できているか」という手ごたえがなく、そういう不安がまた周囲に愚痴として振られていました。

地球原人を利用する陰始

ここで陰始が地上にはびこるために工作する巧妙なシステムをご紹介しておきます。

それはガンジーが陰始の別勢力の集合魂に引き込まれて、地上で彼らの家系に組み込まれ、利用されたという構図から派生した情報です。

宇宙全史別巻「20年後世界人口は半分になる」に書いてあったのですが、陰始は地球原人を利用しています。その利用の仕方は騙《だま》したり脅《おど》したりすかしたり様々ですが、このガンジーの場合のように家系に組み込んでその血を混ぜるということもしているのです。

陰糸はご存じのようにだいたい身体はひ弱にできています。そこでたまに原人の血を入れてそこを補おうとします。その場合は何か特別な働きをさせるためにそういうことをするのですが…例えば陰糸は常に陰で人々を操ることで力を発揮しますが、表舞台で何かやろうとすることも歴史のポイントではたまにあることはあるのです。

それの一例が日本のヤマトタケルにありますので別に章を立てて調べてみることにします（この本の最後の方に出て来ます）。

第8章　マザー・テレサ

修道女（カトリック）
生没年：1910〜1997
出身地：旧コソボ／現在のスコピエ（旧オスマン帝国／現在のマケドニア）

36歳の時に「全てを捨て、最も貧しい人の間で働くように」という啓示を受け修道院の外でボランティア活動を開始する

その4年後の1950年にはローマ教皇庁から正式の許可を得て「神の愛の宣教者会」を設立、インドのカルカッタに「死を待つ人々の家」という貧困者や末期患者のための病院を建設した（1952年）

1965年以後はインド国外でも盛んに活動し87歳でその生涯を閉じた（2003年に死後6年という異例の早さで福者に認定、2015年には聖人として承認されている）

世界の聖人といえばまず出てくるのがこのマザー・テレサではないでしょうか。

しかしそれゆえ「地球に残れない」「この地球には残らない」と選択したのもマザー・テレサだったのです。

多くの人たちが20年後に来る地球ユートピアに残りたいと望んでいますが、現状それがかなうのは今の地球人口の20パーセントほどです。

これまでどれほど多くの人たちがどんなに一生懸命働いても、真面目に誠実に人生を歩んでいても豊かで自由で楽しい暮らしが手に入らなかったのに、それがいきなりわずかあと20年で自動的にそういう暮らしが保証される世界に、地球になっていくのです。

そんな夢のようなユートピアにどうして地球人口の8割もの人たちが背をむけてしまうのでしょうか。

そこには簡単なようで意外にむつかしいカラクリが隠されています。

「隠されています」というのは実際に隠蔽されているということではなく、今の私たちが「常識」というバリアでわざわざ世界を狭めているために生じている弊害なのですが、そこに気づくかどうかが「地球に残れるかどうか」の瀬戸際にもなっています。

本書はその「気づき」を皆さんに獲得していただくために書かれていますが、この「マザー・テレサ」の章もまた大きな気づきを与えてくれるはずです。

聖人という名のエゴ

マザー・テレサは実際に献身的に、命がけで人々を救おうとしていました。

また救ってもいました。
しかしそれはパフォーマンスでもあったのです。
「命を懸けたパフォーマンス」というのはいかなるものでしょうか。

ここからは私と月読之大神との問答になります。

月読之大神
「本来ならぁの人があちこち行ってお金を集めるというより…本当のパフォーマンスというのはそうじゃないわよ」

●（私）
彼女はお金を集めていたんですか
でもそれは医療費や病院を造るため、人々を救うためなんですからいいんじゃないのでしょうか

「普通はそう見える」

●だってそれを自分のために使ったんじゃないんですよね

「でもそういう集金システムを作ることで、そのシステム自体が病人を作るという働きをしたね」

●病人を作る？

「そこにいけば病気を治してもらえるという人たちをいっぱい作ったんだよ」

「でも彼女は患者を治すということは絶対しなかった」

「エネルギーを取られるということを分かっていたからね」

「無料で人々を救済するという施設を作ったね」

「それで人からの感謝と尊敬も集めた」

「その念（エネルギー）で彼女は人を癒せた（治せた）のよ」

「でもそのエネルギーを人に使うのをテレサは拒んだんだよ」

●治せたんですね

「治せたね」

●それでは彼女はそのエネルギーを何に使ったんでしょうか

「そのエネルギーを自分が生きながらえることに使った」

●それはダメなのでしょうか

「そこにテレサが「生きたい」という思いがあってそうするのなら良かった…が、そうじゃなかったね」

「それを自分のヒエラルキーを高めるため、聖者と呼ばれたいがために使ってしまった」

「決定的なのは欲望とエゴのため貧民を作り出すということをしてしまったこと」

●貧民を作り出すとは、いったいどうやったのでしょうか

「彼女の集めたエネルギー」

「それがやっているね」

●なるほど、聖者といわれ尊敬を集め、注目を浴びることでエネルギーを集めたんですね

「結局ユニセフなどと同じような感じで人の同情心を煽る、自尊心をくすぐる、そして尊敬を集めるということで、エネルギーを広く浅く全部からやったね」

「一人からというのじゃなくて広く浅くっていうのをやった」

●尊敬を集めるというのはエネルギーを奪うということなんでしょうか

「そうね」

●それでは病人を作るというのはどうやってやったのでしょうか

「それは簡単なこと」

「そのエネルギー（人）が彼女に賛同すると、彼女のエネルギーに染まるということ」

「そもそも彼女の意図が「病人を作る」という「自分が必要とされたい」という意に染まっているからね」

●マザー・テレサの意に賛同するということで病気になってしまうのでしょうか

「そうだね…「助けてほしい」という意味でね」

●「助けてほしいから病気になれば彼女のところに行ける」という感じでしょうか

「そうね」

「必要とされたい彼女のもとに行くというのはそういうこと」

「自分で治すというエネルギーを放棄してしまうのよ」

「つまりその自分の治るエネルギーを、全部彼女に捧げ尽くしてしまう」

「そうしたら彼女がね、その人たちのエネルギーを使って彼らを治すくらいはお茶の子さいさいなんだよ」

●マザー・テレサは人々を治していなかったんでしょうか

「晩年はそのエネルギーを全然使っていないね」

「彼女自身に集まるエネルギーは、もっと他の人たちが吸い取られたエネルギーでもあるんだよ」

●彼女はそれを意識していたんでしょうか

「奥底で」

「とても死ぬのを怖がっていたね」

●あんなに死ぬのが平気みたいな感じで伝えられていますが…

「神に捧げ尽くすといって、反面それを怖ろしがっていた」

「自分の存在の否定というのがとてもある」

「それでも聖者である自分のステイタスにとてもこだわっていたね」

●今現在のマザー・テレサの思いはどうなんでしょうか

「同じような頑なさ、こだわりがあるよ」

●聖女でありたいというのでしょうか

「この位置を…旧世界を守りたい…だね」

「皆が幸せになるとかじゃなくって自分が活躍できる所謂《いわゆる》貧民とか病人とかそういうのがいて自分が必要とされるという世界を守りたい、維持したいというのがある」

●なるほど

「で、自分が聖者として崇め奉られる世界を守りたい…それだね」

第9章　田中角栄

建築士、政治家
生没年：1918～1993
出身地：新潟（日本）

第64～65代内閣総理大臣を歴任し日中国交正常化に努める「日本列島改造論」を掲げて盛んに活動するも政治的スキャンダル（田中金脈問題）の影響で支持率が低下し辞職、その後もロッキード事件で逮捕され自民党を離れるが依然として政界に大きな影響力を持ち続け「目白の闇将軍」の異名を取った（享年73歳）

総理大臣の現役当時は人気があった人物でしたが、ロッキード事件で失脚してからはだいぶ憔悴されていたようですが、彼は今どうなっているのでしょうか。


ご本人に直接お聞きしました。

そうするとまず、

「生きたい」


というお返事がありました。

もっと人生を楽しんで、もっと色んなことをやりたい、生きたいというのがとても強く響いてきます。

つまり角栄さんは新たな地球に残ることを選択しているのです。

生きてるときはちょっと悪いことといいますか、チョンボをやってしまってたたかれてしまいましたが、やっていたこと自体はそんなに悪いとは思っていなかったのですが、上の方に確認しますと、

「自分のエゴにまみれて（陰始の）手先になって自然破壊をしたというのはね…やはりあの人はねちょっと罰は受けたんだよ」


そういうお応えが来ています。

でも当時彼がやった「日本改造計画」というのは、日本の経済成長などもあり、確かに自然破壊はやってはいましたが、ある程度は仕方がなかったのではないかとも思いますが、どうもそうではないようです。

月読之大神
「それを是とするか否とするかはあなたたちではない」
「人間の観点から見たらそれは否定することじゃないんだろうよ」
「でも自然の観点からいうとかなりの負荷はかけたわね」
●彼が生きたいと願っているということは、新しくなる地球で生きたいと思っているんですね。
「そうね」
●みんなと楽しく？
「そう」

「今までの世界でも生きたいけど、今度の世界も生きたいと思っているね」

（だから角栄さんはとりあえず「ごめんなさい」と反省はしているようです。

それでも「生きたい」があるのです。あれだけ何でもごり押しして「わしがわしが」で生きていた人が、

みんなが平等に自由に楽しく暮らす世界で生きたいのでしょうか）

「生きたいと願っているよ」

「理屈抜きで」

●もっとあの人が活躍できる未開の地やバカな庶民がいる星とかありそうですが…

「そういう旧世界で生きたいという気持ちもあるね」

「でも今度の世界でも、どんな世界でも「生きたい」という気持ちはとても強いよ」

●どうも変わった方ですね、この方は…単にバイタリティというより、生きるバイタリティが「どこでも生きたい」みたいなバイタリティなんですね

「そうだね」

「どこでも生きたいんだね」

●要するに消えたくはないんですね

「消えるのは怖くて嫌」

●なるほど…生きるためなら謝っちゃう…

「どんな立場になってもいいからとにかく生きたいんだよ」

「とても単純で生命への執着はものすごく強い」

●単純とはいえそういうバイタリティがすごいんですね…失礼ですがなんだか可愛い人ですね

第10章　菅原道真と平将門

・菅原道真

平安時代の貴族
生没年：８４５～９０３
出身地：不詳（日本）

宇多天皇に重用され右大臣の座にまでのぼりつめるも藤原時平の讒《ざん》言により大宰府に左遷されその地で最期を迎える
死後、祟りを恐れた朝廷より「天満天神」として祀られ、現在では主に学問の神として多くの人の信仰を集める

・平将門

平安時代中期に活躍した豪族
生没年：?～９４０
出身地：現在の千葉県？（日本）

京都の朱雀天皇に対抗し関東地方で「新皇」の名乗りを上げるも二か月後に討伐される
そのさらし首が京から関東地方に向けて飛び立ったという伝説から各地に首塚が存在し怨霊として祀られている

かつて宇宙全史のウェブ上のＢＢＳに書いておいたと思うのですが、菅原道真は「怨霊神」としての在り様で奉られていますし、彼自身も怨霊神として在りながら、そのカテゴリーで進化をしていこうと決めています。

つまり単なる祟《たた》り神としての忌まわしい存在ではなく、菅原道真を奉る「天満宮」「天神さん」として庶民に慕《した》われながら自らの浄化と神としての務めを果たしていくという形をとっている存在です。

さて彼は新しい地球に残ることを選択しているのでしょうか。

生前彼は虐げられ色々奪われて、僻地（大宰府）に流されそこで亡くなりますが、その奪われたものをキッチリ取り返す執念といいますか、屈辱を晴らしてそれでクリアにしたいという潔さがあります。

そのキッチリ忘れないで取り返すという執念、思いは、生きる力に直結していて、

「この命力《いのちりょく》の強さというのは悪くないね」

月読之大神がおっしゃいました。

しかし彼は確かに生前随分虐げられていましたが、それでも彼の過去世においては、そういう虐げられるようなカルマを自ら作っていたはずです。ですから均衡は保たれているわけですから、恨む筋合いはないはずですし、ましてやそれを取り返してスッキリするというのは何か違うような気もします。

そこで質問してみました。

●今は怨霊神になっていますが、過去世の転生ではそれなりのカルマを積んでいたんですよね

月読之大神
「その負荷はキッチリ相殺されるよ」

「この人はね」

「ただずっとギューってされていた時代がね」

●（陰始に）余分に取られていたんですね

「大きかったね」

「それはきっちり取り返してっていう…」

「それってね、生命力と関わり合いがあるんだよね」

●生命力とですか

「そこで諦めないということ」

●諦めちゃダメなんですね

「諦めちゃ駄目というか、どこで折り合いをつけるか」

「生きたいのとイコールで諦めをつけるのか、それとも消えてしまいたいといった形で諦めをつけるのか」

「それはその生命力次第だからさ」

●それが命力《いのちりょく》なんですね

確かもう一人同じような有り様の方がいました。
それが平将門で彼も同じく怨霊神として奉られています。

彼も取り返して生きたいと望んでいます。
怨霊神といわれている存在でも残る人は残るのです。
そしてそのポイントは「命力」…諦めないことのようです。

第11章　チンギス・ハン

モンゴル帝国の初代皇帝
生没年：1162〜1227
出身地：デリウン・ボルダク（モンゴル）

1205年にモンゴルの全部族を統一し翌年には伝統的集会「クリルタイ」を開催、「チンギス・ハン」としてモンゴル帝国を樹立した

その後、西夏、金、西遼へ侵攻し領土を広げ、1220年にはイスラム王朝（ホラズム・シャー朝）を滅ぼすに至る

1227年、秘密裡に金と同盟を結びモンゴルに対抗しようとしていた属国、西夏の攻略中に死去した

宇宙全史のワークで以前チンギス・ハンを調べたことがありました。
その時は幽冥界にいる彼の姿があまりに人間離れしていたので、早々に切り上げたことを覚えています。

ひと言でいいますとあまり接触したくない人です。

生前はアレクサンダー大王並に世界を征服しまくっていましたが、その根底には、彼の血族による根深い負のエネルギーコントロールがありました。
主に母親からその洗礼を受けていますが、母親の家系からの影響も大きくあったようでした。
具体的には、

「男はこうでなきゃいけない」

「支配者はこうあるべき」

「裏切り者はすべて殺せ」

「それ以外あなたが生きていく術はない」

一種の追い詰めるという感じの洗脳がそこにはありました。
チンギス・ハンもそうですが、男はそこまで徹底して酷薄にはなれませんが、怖いのは女性です。

際限なく酷薄になれるのは女性だけです。

幼いころからそういう洗脳教育を叩き込まれたチンギス・ハンは、しかしその洗脳を自ら受け入れています。

その女性たちの影響を受け入れることを外れない、その人たちと一緒に滅びることを受容しています。

その結果彼は地球には残らないという選択をしていました。

歴史には残っていませんが、チンギス・ハンがあそこまでモンゴルを大帝国に仕上げたのは、そうした女性たちの力が大きく関与していました。

その中には優秀な巫女もいたのですが、実は彼の母親がその巫女でもありました。

そこに陰始が絡んでいたのです。

ここでも陰始と絡む要因は女性（母親）でした。

比較的女性は人類の長い歴史上でも虐げられ迫害され、ないがしろにされて来たとされています。

しかしそれは表面上のことで、男は確かに権力を持ち、暴力と圧倒的な力で女性を思い通りにしていると思い込んでいますが、裏の裏では女性が主導権を握っていることが多かったのです。

そしてそれはひとえに女性が陰始と絡む相性が良かったともいえるのでしょうか。

第12章　アレクサンダー大王

アルゲアス朝マケドニア王国の王
生没年：ＢＣ３５６～ＢＣ３２３
出身地：ペラ（古代マケドニア／現ギリシャ）

幼少期からアリストテレスなどの家庭教師に囲まれ英才教育を受ける

ＢＣ３３６年、20歳の時に父ピリッポス二世が暗殺されたことから王位を継承、その遺志を継いでペルシアへの侵攻を開始する

ＢＣ３３１年にペルシアを滅ぼした後もソグディアナ（中央アジア）とインド方面へ侵出するが、新たに王都と定めたバビロンに一時帰還している際に死去した

毒

世界制覇といえばアレクサンダー大王とまでいわれる大遠征を、十一年かけてやっていましたが、インドに達してさらにその先に向かおうとしたとき、あまりの長きにわたる遠征のため部下に不平不満が出て来たため、一時ペルシアのバビロンにまで戻ります。

しかし帰還したその地で彼は死んでいます。

毒殺されていますが、その事情は中々複雑です。

直接手を下したのはアレクサンダーの近親者でした。

従姉妹《いとこ》の女の子ですが、この子は大王が大好きでした。

この女の子がアレクサンダーに毒をもっています。

なぜ好きなのに大王に毒をもるのでしょうか。

もう一人関係者がいます。

異母兄弟の男ですが、この男がアレクサンダーに毒をもるように女の子をだましています。

この男は臆病で、視野が狭いちょっとバカ者に近い感じで、アレクサンダーをすごく怖がっています。

「自分が遠くへやられるんじゃないか」

つまり遠征に連れていかれるのではないかと怯えていますが（そういうふうに吹き込まれているのですが）。

しかしこのおバカな男がどうして女の子を騙せたのでしょうか。

実は男の母親が「こうしてこうしてこうすれば、あの娘はこうするよ」と微に入り細に入りレクチャーしています。

その女の子はまさかおバカなこの男の子が自分を騙すなんて夢にも思っていませんから、大好きな大王様に「遠征でお疲れでしょうからどうぞお飲み下さい」と堂々と渡しています。

大王はいつもなついてくれる従姉妹から「元気になる薬だから飲んで」と貰った飲み物を何の疑いもなく飲み干しています。

しかしこんなことをしたらすぐに捕まってしまうと思うのですが、実は彼らは捕まってはいないのです。

大王が毒入りの飲料を飲んでから亡くなるのは、それから一ヶ月近くかかっています。

症状が出始めたのが二週間目位からでした。

毒は主に蛇毒で、そこにジギタリスやトリカブト系の毒も少し混じっていました。

少し前に日本でも事件になりましたが、トリカブトの毒で人を殺したのですが、トリカブトの毒が回る時間がその犯人のアリバイを作ってしまっていたという事件です。

犯人はトリカブトの毒をカプセルに入れて、カプセルが溶ける時間でアリバイを作っていたと思われていましたが、それだけではどうしても説明がつかない時間があったのです。

つまり即効性のあるトリカブトのカプセルが溶けるまでの時間では、説明のつかない遅効性を示していたのです。

色々調べた結果、犯人はトリカブトとフグの毒を被害者に飲ませていたことが分かり、結局無期懲役になっています。

毒と毒を混ぜるとさらに激しく作用すると一般的に思いますが、様々な要素が複雑に絡み合い、現れる症状は千変万化です。

かつて毒殺は戦略的に必要なものでしたからよく研究されていて、色んな組み合わせや複雑な化学合成も経験則で行われ、暗殺に有用な毒が多く作られていました。


この時使われた毒も一ヶ月近くかけて大王を殺していますから、誰が何時毒をもったのか、そもそも毒殺なのかさえ判明し得ないものだったのです（この時使用された毒は錬金術師が作っています）。


バカな男の母親が息子に入れ知恵をして毒をもっていますが、その母親を動かしていたのは、アレクサンダーの臣下の者でした。

アレクサンダーの父親（ピリッポス二世）からの古い臣下で、フィロタスという男の一派が工作していました。

動機はもう遠征はしたくないといいますか、戦いではなく、どちらかというと摂政《せっしょう》とかそういうやり方で統治していきたいと考えています（適当なぼんくらを王につけて、それを支配することでやっていこうとしています）。

ですからアレクサンダーがあちこち手を出して武闘派が力を持っていると肩身が狭くてやりにくかったのでしょう。

後にフィロタスは冤罪で処刑されていますが、大王毒殺の直接の首謀者ではありませんでした。

しかしその一派がやっていますから「見せしめ」といいますか、仕方がなかったともいえます（狭い世界ですから何となくあのあたりがやったのではないかという感じはわかるのです）。

母親と蛇

アレクサンダーは母親に従属した存在でした。

幼い頃はほぼ母親が生殺与奪権とでもいいますか、そういうものを握って、様々な負の教育を施しています。

彼女のスタンスは、

「自分の意に背く子供は殺してしまってもいい」


そういう気迫で教育といいますか、子育てをしています。

とはいえスパルタでビシバシ叩いて教え込むというのではなく、無言の圧力といいますか「自らの狂気の片鱗《へんりん》を見せる」というやり方でアレクサンダーをビビらせていました。

通常の教育は家庭教師がやっていますが、彼の恐怖心を握って「何とかしなきゃいけない」とか「自分がやらなきゃ」「負けられない」という義務感、責任感を植え付け、さらに外へ外へと向かう心持ち、生き方も刷り込んでいました。

具体的には、

「攻め滅ぼせ」

「領土を広げて」

「王という立場を絶対的なものにする」

それを徹底的に教え込んでいます。

そして、

「手段を選ばず」

母親は自分の子供のためにありとあらゆる最高の家庭教師を付けて、最高の教育を与えたといっていますが、彼を追い詰めたのは母親でした。

ただ家庭教師は本当に優秀な人材がついていまして、アレクサンダーが一番気に入っていたといいますか、気が合ったのがアリストテレスでした。

アレクサンダーが13才の時に家庭教師に入っていますが、その時アリストテレスは41才でした。

二人の交流はアレクサンダーが死ぬまで続くことになります。

アリストテレスはまともな教育をアレクサンダーに施しますが、母親はそれが気に入らず、アリストテレスを「必要ない」として切ろうとします。

アレクサンダーの父親は放任主義なのですが、バカではなく、アリストテレスを家庭教師にしたのは父親でした。

やはりアリストテレスのような賢者をつけるべきとしたのは、さすがに王といわれるだけのことはあります。

母親はアリストテレスを毛嫌いしていますが、王はそんなことは一切気にせずそのまま家庭教師を続けさせています。

アレクサンダーは東方遠征において苛烈な攻撃、容赦なく叩き潰すということは戦いですからやっています。

また反抗する勢力も徹底的に滅ぼしています。

しかし降伏し、征服した人民や生活文化は出来るだけ保護しようともしていました。

そこには母親の刷り込みと、アリストテレスの教育が混然と表現されていました。

母の名はオリンピアスといいますが、彼女は初めに書きましたようにアレクサンダーに大きな影響を与えていました。

彼女の言動の端々に、いうことを聞かないと、

「生きていけない」

「それでは存在意義がない」

そういう直接的な命の危険というのではない、反芻《はんすう》すればするほど落とし込んでいくような…罠のある、毒のある言葉で日常的に追い詰められています。

「あなたそんなこと出来ないのなら生きている価値はないわよ」

「それが出来ないのなら呪われておしまい」

幼いアレクサンダーの心に毒が沈み込んでいきます。

母親（オリンピアス）はディオニソス信者で、一般的にはヘビが大好きでヘビと一緒に寝ていたとまでいわれていますが、実際はヘビはもちろんですが、現世的な快楽、享楽、お金、地位、名誉…そういうものすべてに集中して大好きな人間でした（ディオニソスとは快楽とお酒の神様です）。

そういうベースがある母親が、

「王はこうあるべき」

「どこまでも徹底的に征服しなきゃダメ」

などと教えていたのです。

この母親がいなかったらアレクサンダーはわりと良い王様になっていたようです。

あそこまで自ら出て行って征服しまくるということではなく、攻めて来れば受けては立つというくらいのスタンスで充分良い国を造っていました。

自らどんどん攻めていくというのは、やはり母親のその征服欲といいますか、自分が表に立ちたい、自分が支配したいというその欲の代弁者としてアレクサンダーが立たされていたということでした。

月読之大神
「ま、母親の手先のようなものだったね」

陰始に絡む母親というのは、その支配欲といいますか、隷属させる力がとても強いのです。

目つきには狂気を感じますから、少し巫女系が入った女性でした。

その子供はたとえアレクサンダーとはいえ抗うことは出来なかったのです。

結局彼は母親を見捨てられない、母親に従属しているという立場を崩していません。

故に彼は「滅びたい」という域に入ってしまっているのです。

なおアレクサンダーの母親とチンギス・ハンの母親の有り様が非常によく似ていますので同じ集合魂なの

かと調べて見ましたら、そこは異なっていました。

いずれにしても世界征服、地上制覇というような偉業（?）を成し遂げるには、気狂いじみた背景がないと不可能なのかもしれません。

第13章　リンカーン

政治家、第16代アメリカ合衆国大統領
生没年：1809〜1865
出身地：ケンタッキー（アメリカ）

1834年、イリノイ州議会議員選挙に当選

以後、政治家、弁護士としての経験を積み、1846年にはホイッグ党員としてアメリカ合衆国下院議員に選出され中央政治に進出、1860年に共和党初の大統領となった

「奴隷解放の父」として知られ南北戦争を指揮して北部を勝利に導く一方で、インディアンに対しては徹底した排斥主義を貫き、スー族、ナバホ族の虐殺を指示している

1865年、ワシントンD.C.のフォード劇場で観劇中に俳優のジョン・ウィルクス・ブースに暗殺された（享年56歳）

リンカーンは私がそのカルマを請け負っている集合魂の仲間である魔導師です（集合魂は異なります）。

彼の有り様はちょっと複雑ですので以前どこかで書いておいたはずです。魔導師ですから通常の存在感ではなく、独特の立ち位置、視点を有して世界と取り組んでいた人でした。

彼は果たしてこの地球に残りたいと考えているのでしょうか。


「残りたくはない」


それが彼の第一声でした。

しかし「地球に残れない」ではなく、自発的な「残りたくない」という声には何やら違和感を覚えます。

そこで少し探ってみることにしました。

まずは彼が大統領だった時に暗殺された場面に戻ります。

リンカーン暗殺の真相

1865年4月9日にアメリカの南北戦争が終結しましたが、直後の4月14日にフォード劇場で喜劇を観劇中に背後から銃で頭を打ち抜かれています。

直接の犯人は俳優のブースという男ですが、背後にはリンカーンの部下である陸軍省長官エドウィン・スタントンがいました。しかしそのまた背後に陰始系のアメリカを操るフィクサーとでもいう数人の存在がありました。その男たちは今はあまり例えるものがないのですが…「地域のボス」といいますか、広大な地域を治める大地主といいますか…そんなフィクサー的な有り様の者たちがフリーメイソン関連でつながっていて、初期のアメリカ大陸を裏から操っていたのです。

犯人のブースは口封じのために殺され、証拠品（彼が持っていた日記）もスタントンにより隠蔽されてしまっています。

この暗殺はリンカーン個人の予定にはなかったものでした（リンカーンは地上に出る前にやるべきことの計画というものを持って降りて来ています・それを天命ともいいます・人は皆この天命を持って地上に降りて来ているのです）。

「個人の予定」といいますのは、彼は「変えられる」「何とかなる」と思っていたのです。

「もっとやれる」

「時間が欲しかった」

そういう思いが漏れてきます。

それが微《かす》かな怒りを伴って伝わって来るのです。

未来のある憤り

その怒りが今「地球には残らない」といった彼の思いに少し歯止めをかけているのです。

彼は暗殺犯に怒っているわけではないのです。時間があれば「説得出来るはずだ」という思いが強くあった自分に、それが中断させられた自分自身にちょっと怒っています。

彼は魔導師の集合魂から出て来ています。魔導師というのは一定の権限、力を持って地球の裏界を指導するために在る存在です。その力とは何でも同じですが「諸刃《もろは》の刃《やいば》」となり得ますので、集合魂の中には悪さをした者や積み重なったカルマがあり、肝心な時に（肝心な時だからこそ）リンカーンの「暗殺」という現象になって出て来ています。

そしてそういう事態を招いてしまった「自分がふがいない」という自分（集合魂）に対する怒りになり、そこを「修正したい」という思いがあり、その「修正したい」思いが陰始がいなくなった地球に残って、どこまでやれるかやってみたい…それが微かに見えるのです。

憤《いきどお》りというのは恨みになります。

その恨みには「良い恨み」と「悪い恨み」があり、「悪い恨み」には未来がなく、「修正したい」という思いが入った恨みには「未来がある」恨みになり、「何とかしたい」「何とかしよう」というベクトルを持ちます。

そうではなく「自分も人もどうでもいいし、もう滅びたい」という恨みは悪い憤りで、どこにも行きつくことのない絶望をもたらします。

リンカーンの幽霊

暗殺の直後リンカーンは約30年間幽冥界を彷徨《さまよ》っていました。

それが先ほど述べた「地球には残らない」という思いと「残って集合魂の修正をしたい」「まだ何かやれるはず」という思いのはざまで揺れていた時でした。

それ故リンカーン暗殺の前後には様々な現象が起きています。

史実に残っているものとしましては例えば暗殺の15時間前に地方で「リンカーン大統領が暗殺された」というニュースが流れ、その後実際にリンカーン暗殺の報が届いて「さっきのは何だったのか」と騒ぎになったことがありました。

これは陰始がやっています。

陰始の媒体である巫女（シャーマン）が力を見せつけるためにやっています。陰始にも派閥があり、アメリカ国内での派閥争い、勢力争いでその力を見せつけるようなことをやっています。

それは「我々が暗殺するんだ」というようなデモンストレーションで、「自分たちが陰始のNo.1だ」というようなお墨付きを自ら振り撒いていたのです。

具体的には大元のシャーマンが陰始の指令を受けて地方のつながっている小シャーマンたちに予知夢のようなものを見せています。

噂はそこから派生していました。

南北戦争当時のアメリカにはフリーメイソンを中心とする黒魔術といいますか、ブラックな精神世界が蔓延《まんえん》していたのです。現在は巧妙に潜伏していますが当時の陰始関係者たちは、中世のヨーロッパのように公然と暗躍していたといってもよいかと思います。

また暗殺の後からホワイトハウスではリンカーンの幽霊が出るという噂が出ています。

実際に幽霊は出ていました。

それはリンカーンの魂が魔導師である故なのですが、強い念はあちこちに影響を出していましたが、それも約30年位で次第に薄くなっていきます。それからは世の中のスピードもだんだん速くなり、また集合魂の力もあり幽冥界で沈んでいたリンカーンは無事集合魂に戻されています。


こういう状況の場合通常はそうスムースに集合魂には戻れないのですが、やはり集合魂に力があると多少の無理もきくようです。

第14章　アンネ・フランク

ユダヤ人の少女
生没年：1929〜1945
出身地：フランクフルト・アム・マイン（ドイツ）

1934年、ナチスの反ユダヤ政策を恐れアムステルダムに家族で移住するも、ドイツ軍がオランダを占領しユダヤ人狩りを始めたために隠れ家での生活を開始する（1942年／この頃から日記をつけはじめる）

その後二年間は難を逃れるが密告により秘密警察が踏み込みオランダはベステルボルグのユダヤ人収容所に送られ、アウシュビッツを経た後にドイツのベルゲンベルゼン収容所で悪環境の中チフスに感染し死亡したとされるアンネは自分の集合魂に戻っています。

そこで、

「（この地球に）残りたい」

と考えています。

しかしこのアンネのように集合魂に戻っている魂はいいのですが、戻れずに幽冥界でさまよっている場合、その魂の行く末はどうなるのでしょうか。

例えば「地球に残りたい」と思っていても、それは実現されるのでしょうか。

調べてみますと、まず人は死んでから通常は幽冥界を通過し、そこに留まるか、集合魂に戻るかを選択します。

この場合その「選択」に本人の意思はあまり関係なく、「戻る」「戻れない」はその魂のエネルギー量と地上における清算状況によるのです。

（地上の清算状況とは、地上に降りて元々持ってきた「カルマ」をどこまで昇華出来たかがプラス得点で、逆に地上で色んな負のエネルギーを生産してしまって、逆に「カルマ」を増やしてしまったのがマイナス得点です。その合計の総合評価が高いほど清算状況は良好ということになり、魂が軽くなって、上昇しやすくなります）

ですからエネルギー量の少ない魂や清算がうまくいかなかった魂は、しばらく幽冥界でエネルギーを貯めるため、あるいは反省や学びのため「修行」しなければならないという事があります。そのため地上の人々がその人にエネルギーを「祈り」という形で送ってあげることは出来るのです（お墓参りなどはその一例です）。

ところが元々エネルギーを充分に持っている魂は、地球に「残る」「残らない」の選択を集合魂に戻らずに自分だけで決定することが出来ます。

しかしそれは例外的な存在で、集合魂に戻らずいわば「独立」してしまうというような形をとることになります。

そういう実例はこの本の中でも何人か出て来ていると思います。

さてアンネのお話しに戻りますが、アンネが「残りたい」ということは、彼女はすでに集合魂に戻っていますから、集合魂が「残りたい」と思っているわけです。

ただアンネも集合魂に完全に溶け込んでしまっているわけではなく、割と元気といいますか、やる気満々な感じは受けます。

あの時のアンネのままで出て来ることはないのですが、更にパワーアップして、他の仲間もたくさん引き連れて新たな体験を求め戻る計画を進めています。

密告者

アンネはあれだけの体験をしたにもかかわらず、向こうではわりとあっけらかんとしていますので、あまり書くことがありません。

そこで今でも明確になっていないアンネたちを密告した張本人を探っておきます。

アンネたち（フランク一家4人とファンダーン一家（3人）と歯医者の8人）はオランダの隠れ家（隠れ部屋）にナチス（ゲシュタポ）から逃れて約2年間生活していましたが、ついに見つかってしまいます。

その直接の犯人はオランダ人でナチに狂信する国粋主義者のような男でした。

その男がゲシュタポにチクっています。

しかしその男が直接アンネたちの居場所を知っていたわけではなく、アンネたちの隠れ部屋のある家屋を主に事務所や倉庫として使っていた人たちが何人かいたのですが、その中に情報を漏らした者がいたのです。

それは倉庫係のランメルト・ハルトホという男性の妻である掃除婦のレナが、

「近頃色々あってゴミが多くて面倒なのよね」

外で日常の何気ない会話の中でポツリと漏らしています。

それをたまたま聞いていたオランダのユダヤ人を憎むナチ心酔者の男がゲシュタポに通報したのです。

アンネの最後はお腹を下し、下血をして亡くなっています。

彼女の日記は偶然が重なって今に残っていますが、それは彼女の集合魂がやっていました。

彼女の集合魂はかなり大きなもので…今大きくなって来ているといったらいいでしょうか…イルプロラシオンと同じで、プロメテウス系の集合魂もまとまりつつあるのです。

「宇宙全史」第一巻で書いておきましたが、出エジプトの成り行きを読んでいますと「ろくでもない人たち」と思えてしまいますが、プロメテウス系（ユダヤ人系）にも様々な人がいるようです。

第15章　ピカソ

芸術家
生没年：1881〜1973
出身地：マラガ（スペイン）

フランスを中心に精力的に活動し絵画や版画のほか彫刻や陶器もあわせて15万点近い作品を制作、時期により大きく変化する作風（それぞれの時期に「〜の時代」という名称がつけられている）を象徴するように、生涯を通して数多くの女性と親しい関係をもった

鳩をこよなく愛し、愛人フランソワーズとの間に出来た娘には「パロマ（鳩）」と名付けている

作品――『アビニヨンの娘たち』『三人の音楽家』『ゲルニカ』など

ピカソが亡くなったのが1973年ですからつい最近です。

また彼もそうですが、彼の集合魂もかなりピュアな有り様で、あまり裏表のない魂です。

そんなわけで彼に関しては歴史的に埋もれてしまった「謎」とか「本当のこと」というような探求があまり存在しません。

些細なものはもちろんありますが、あまり私が探求したくなるようなものはないようです。


この人はカルマとかそういうものとは関係がなく、ただひたすらに「楽しみたい」というのがその有り様なのです。

ですから先ほど集合魂が「ピュア」と書きましたが、そのピュアというのが、

「もっともっともっと楽しみたい」という、何といいますか…ピカソは好きなだけ絵を描いて、好きなだけ女を抱いて、好きなだけ美味しいものを食べて、もう満足したのかと思いますがそうでもないようなのです。

集合魂も、

「未来永劫」

「楽しみたい」

「永遠に楽しみたい」

中々いい（うらやましい）集合魂です。

●どうしてみんなこういう集合魂にならないんでしょうか

月読之大神
「欲望はあるんだけどどこまで突き抜けて強くないんだよね」

「弱いんだよ」

●だから中途半端になっておかしなことになってしまうんですね

「そうね」

●ピカソは陰始の影響を受けてないんでしょうか

「受けた時もあった」

●たとえばどういう時でしょうか

「過剰に求めすぎて、ちょっと自分の精神とか周りを傷つけがちな時があったからさ」

●確かにね…奥さんも周りの人も結構傷ついていましたね…女性、周りにいっぱいいましたしね

「たくさん…まぁ諍《いさか》いはあったよね」

それでもピカソの「人生を楽しむ」姿勢は、これからの新しい地球に、

「残る」

としています。

第16章　坂本竜馬

志士
生没年：1836〜1867
出身地：土佐国／現在の高知県（日本）

若くして母を失ったため父の後妻のもとで姉の「乙女」に面倒を見て育てられる

幼少期から武芸に勤しみ、1853年までの間は地元の道場で剣術の研鑽を積んだのち江戸で北辰一刀流の「長刀兵法目録」を許されている（1855年／この時、佐久間象山の私塾にも入門）

しばらくは土佐で過ごすが1860年に桜田門外の変が起こると藩内に尊皇攘夷思想が流行、1862年に脱藩し再度江戸に入り勝海舟の門人となる

その後、薩摩藩の出資で商業組織「亀山社中」を設立（1865年）、翌年には薩長同盟の締結に貢献するなど大政奉還につながる活動に従事するも、1867年、○○寺にて中岡慎太郎と歓談中に京都見廻組によって暗殺された（※暗殺の詳細は『宇宙全史1』を参照）

竜馬のハリボテ

日本では珍しい国民的英雄といいますか、庶民から圧倒的な人気がある竜馬はどうなのでしょうか。

調べてみますと「生きたい」という明確な意思が確認できません。

また集合魂にも戻っていません。

彼自身の意識はボーっとしているといいますか、「今はどっちつかずの状態のままでいたい」という感じに見えます。


どうもエネルギーがないようなのですが、竜馬を支持する人は今でもたくさんいるのに、どうしてエネルギーがないのでしょうか。竜馬を思う人が多ければ多いほど、その思いが強ければ強いほど思いのエネルギーは竜馬に届いているはずです。

思いの法則、エネルギーのセオリーからしますと、竜馬には相当量のエネルギーがいっているはずですがどうなっているのでしょうか。


調べてみますと多くの人たちの竜馬を慕う思いは届いていませんでした。

そのエネルギーは竜馬の「ハリボテ」によりブロックされていたのです。

「ハリボテ」とは世に言う偉人と呼ばれている方たちに多いのですが、竜馬だと竜馬の象徴像のようなものがあり、そこに皆さんの思いが集中すると、効率良くそれが陰始にみんな持っていかれています。

そういうように組み込まれているのです。

竜馬の像とかお墓とか、近江屋とか寺田屋とかですね、そういうところは中継ポイントに過ぎないのですが、そこに集まったエネルギー、思いが竜馬に届いていないのです。

戻らないエネルギー

「20年後…」の本の中で日本の陰糸が辞めるとき、これまで収奪していたエネルギーをすべてお返ししたとありました。

なのになぜ竜馬にはそのエネルギーが返還されていないのでしょうか。

●（虚空蔵55）

竜馬の偶像を通してエネルギーを奪うというシステムはどこの陰糸が作ったのでしょうか

月読之大神

「それは日本だね」

●あの陰糸はもう「エネルギー返す」っていいましたよね

「その陰糸は返した」

「でもそのシステムはキチンと残っているね」

●それって返したことにならないんじゃないのでしょうか

「そうね」

「陰始が受け取ってるという図式は変わらない」

「日本の陰糸が返しちゃったらその陰糸は関係なくなっちゃったけど、システムは残ってて、陰糸の下っ端っていうか、まだ陰糸を続けてるみなさんに分散していくようにはなってる」

●返したことにはなってないですよね…じゃあそれは・今まで散々取ってたわけでしょ、竜馬から…竜馬には返したのでしょうか

「竜馬には返されていないよ」

●そうですか

「陰始は…前の陰糸の話とごっちゃになってるかもしれないけど、その前の陰糸は自分のもらってたものと相殺して許してもらうっていう形にして返したけれどもシステム的にはあなたが言う通り返ってない」

「陰始にずっといっている」

●前の日本の陰糸が取った分は竜馬に返したのでしょうか

「返していない」

●でも返したとおっしゃいましたよね

「返されたいと思っていた人達にはあの前の陰糸は返したんだよ」

「竜馬はね「返されたい」と思ってないようだよ」

●あ、「返してくれ」と思わなきゃ返してくれないんですか

「返してくれないね」

「返してよって請求があって初めて返せるのよ」

「で、取られてることをよしと思う者は別に取られっぱなしだね」

「全部自動的に返されるわけではない」

●でもそれは自動的に返すべきですよね

「返されたいと思ってない者に関しては…」

●だって知らない間に取られたんだから知らない間に返して欲しいですよね・知ってる間に取られたんだったらそれは「返せ」と主張すべきかもしれませんが、知らない間に取られたものは知らない間に返すべきですよね

「まあそうだね」

●そのあたりはどうなっているのでしょうか・それがなぜ許されているのですか

「取られてることをよしと思う人達には…うん、壊されちゃってるね」

「そこまできっちり因果応報の網目がガチッて完璧に作動してるわけじゃないね」

「今、あなたがいうように不公平な時代にはなってるよ」

「それがもっと更新すれば、目覚める人が増えれば自分が取られたっていうことに気づけば即だろうね」

「即取り返しはくるだろう」

●気づけばというのと「よし」というのでは違いますよね・竜馬は取られているのを分かっていて「返さなくてもいいよ」と思っているのでしょうか

「そこまで気づいていないね」

●でもさっきは「別に戻らなくてもよし」とかおっしゃったから、気づいているのかと思ったら気づいてはいないんですね

「いないね」

●要するに気づきの方が大事なんですね

「今の時点ではね」

●気づく立場にないのに「気づけ」っていうのは無理ではないのでしょうか

「エネルギーがないとそれは無理だと思う」

●それなのに「気づかないからお前が悪いんだ」っていうのはなんかおかしな話です

「お前が悪いんだっていうんじゃないんだけどさ」

●だって、「エネルギーが返ってこないのはお前が悪いんだ」っていうことなんですよね・「気づかないからだ」っていうわけでしょ？

「今の時点ではそうだね」

●今の時点…

「ただ前よりはもう全然気づきやすくなる潮流になっていて、これからは自動には向かっていくと思うよ」

「が、まだそれが完璧ではないね」

●前に比べたらマシだとは思うんですけども、なんかその辺は合点がいかないですね・そういう風に陰始が作っちゃったっていうんだったらそれはそれでしょうがないんですけども・「作らせちゃった」っていうのもおかしな話ですよね・「気づけばいいじゃん」みたいな話じゃないですか・でも「気づけないじゃん」みたいな感じはありますよね

「…」

●気づけるよすががあればいいですけどね・よすがもないのに「気づけばいいじゃん」っていうのはきつい話ですよね

「そうだね」

●竜馬でもそうなんでしょうか

「そう」

●じゃあ今竜馬は地球に「残る」「残らない」っていう判断すらもできない状態なんですね

「そうだわね」

●それはエネルギーがないからなんですね

「奪われてしまってるからだろうね」

虚空蔵55ついにキレる

前もって少し言い訳しておきますが、私はやはりいまだ覚醒できていない普通の人間です。「宇宙全史」のワークの中では出来るだけ公平な立場での記述を心がけていますが、たまに失礼な発言を上位の神霊の方々にしてしまうことがあります。

それはやはり「人間的な」限定された枠の中にいることから派生する感情に囚われてしまっているからでしょう。それが分かっていても言ってしまうというのはどこかに甘えがあるからでもあるようですが、ここでは少しその甘えに便乗させて頂きました。

●（虚空蔵55）

陰始は竜馬からでさえエネルギーが取れるのなら、もっと（普通の人たちからも）取ればいいじゃないですか…ピカソなんかからもどんどん取ればいいんじゃないのかな・尊敬されているし、何億という絵画もいくらでもあるし、お金もエネルギーも取り放題でしょう・ピカソの偶像作って拝ませりゃいいでしょう

月読之大神

「個性なんだよね」

「個性が強いと陰始も手出しできなかったりする」

「強いとね」

●え、竜馬は個性が強くなかったんですか

「ピカソほどそういう押しが強くないというか…」

「竜馬はどちらかというとちょっと日本的というか優しい…だからそういう…」

「あなた達がいう精神的バリアみたいなやつ」

「それはピカソは強い」

「でも竜馬は強くはないんだよね」

●要するに弱いものいじめが出来る世界なんですよね、この世界は

「そういうこと」

●それを月読之大神は望んだのですね

「望んだっていうのはちょっと違うかもね」

●でもそういう方向性を持たせたのは月読之大神でしょ？

「そういうことね」

●なんで弱いものいじめが好きなんですか

「弱いものいじめが好きなんじゃないの」

「そこから生まれる泥沼が面白いと思うだけよ」

●同じことですよね

「そう限定的に見たものでもないけどね」

●うーん…じゃあ竜馬は判断がつかないっていうことなんですね

「そうね」

●判断がつかないまま20年過ぎたらどうなるんでしょうか

「判断がつかないままの20年を過ごした時のエネルギー値で決まるだろう」

●エネルギーが低いとどうなるんですか

「消えていく」

●集合魂にも戻れずに消えていくんですか

「そう」

●それは今までのセオリーなんでしょうか・それともこの20年間というスパンのセオリーなんでしょうか・今までもそういうことがあったんですか・それともこの20年間っていうのは特別な時期だから消えていくっていうことなんでしょうか？

「まぁ特別な方だろうね」

●そうなんですか・そういうものですかね…

竜馬と陰始

明治維新直前の動きです。

日本の動乱時ですから当然陰始の動きは激しくなっています。

そこに竜馬のような働きの存在は陰始にとっても重宝するものだったようです。

元々日本にいた陰糸、横須賀や長崎の出島から入って来ている陰糸、それに中国やロシア、沖縄からも触手は伸びて来ています。

その中で強く竜馬に絡んでいたのは出島を中心としたヨーロッパ系の陰糸でした。

それでは竜馬はどうやって陰糸と絡んだのでしょうか。

よく見ていますと別に取引交渉をしたり契約書を交わしたりしているわけではないのです。これはほぼすべての人たちに当てはまるのですが、陰始との関わりは夢の中で行われます（巫女などは意識的にやりますが）。

そのためほとんどの人はその関わりを意識できず、しかし無意識的に陰始の思惑通りに動いてしまうということがあるのです。

結局竜馬は操られ、エネルギーを乗せられ、日本の維新を陰始の思惑に沿って動かしていくようになってしまいます。

竜馬のやったことはすでにみなさんよく御存じだと思いますが、それ自体はそんなに間違ったことはしていません。

ただその結果がどうなったかということが問題だったのです。その結果とはエネルギー配分のことで、陰始へのエネルギー配分がどうなったかということだけが問題でした。

明治維新は本来ああいう形で決着が着くということではなかったようでした。

もう少し民主的な明治政府が出来ていたでしょうし、色々な藩や徳川幕府、天皇制の関係性が少し異なる様相で明治に受け継がれていったようでした。

それでもあの維新はソフトランディングであったことは確かなことでした。

●やくざではないのですが、陰始に絡まれたら、目をつけられたら通常はどうにもなりませんよね

「あらがえないだろうね」

●竜馬のやったことはそんなに悪いこととは思えないのですが

「そうね」

「ただ行き先を変えてしまったという形になって、それが巡り巡って陰始にエネルギーを与えることで、ま、みなさんの方が困ってしまったっていうのはあるよね」

「エネルギーをとられたっていう形にはなるんだよね」

●……

「だから彼が悪いっていうんでは決してないんだよ」

「誰が悪いというのではない」

「まぁ一番悪いのは陰始だよね」

「その時に最善を尽くしてるっていうのはみなそれは同じだろう」

●いや皆同じではないですよね

「どちらかというと陰始にからめとられた…」

「ま、被害者っていういい方はちょっと違うんだけどそういう感じかもね」

●いやいや…陰始っていうのは今の人類には必要だっていうそういうお題目があったら、竜馬にはあんま

り通用しませんよね

「そこはアンビバレンツだね」

「はっきりいってねぇ」

「人類の歴史って陰始の歴史だよね」

「陰始が操っていた歴史」

五井先生の遠謀

すでに収録してありますがブルース・リーや力道山もあっちでボーっとしていました。

それを五井先生に助けて頂いたりして目覚めるように仕向けましたが、竜馬も同じようにお願いしてみました。

まずこちらからの問いかけには何かで遮断されている感じで通じません。

竜馬の周囲にはボーボーという風が吹き、巻いているようで何かがぶつかりあっているような環境になっています。

一つは陰始の結界の中にはめられているというのがあり、もう一つは皆さんが思っている竜馬への応援の意識が結界を破ろうとその周りを巡っているのです。

そしてその応援のゴゴッという気配に竜馬が何かしら反応はしています。ですから完全に眠っているというわけでもないようです。

五井先生

「層が違う」

●ブルース・リーや力道山がいる層と異なるんですね

どうも層が違うとエネルギーのインパクトが違うようです。竜馬はもう少しすると自ずとエネルギーが高まり、陰始の結界などとっとと壊して自分で出て来る感じがしています。

ですから今はこのまま放っておくのがいいようです。

五井先生

「その方がエネルギーがいいよ」

「自分で壊したっていう方があの人達はねエネルギーは戻ってくるのよ」

●なるほど、それだったら納得できますね・ブルース・リーとか力道山は助かってなんで竜馬が駄目なのかってちょっと腑に落ちなかったですから・でもそれだったらその方がいいですね・了解しました。

竜馬の集合魂は残るという気配濃厚です。

もちろん竜馬も新たな地球に残ります。

竜馬がいなかったら

もし維新の時に坂本竜馬がいなかったら日本はどうなっていたでしょうか。

月読之大神
「まぁさほど変わらずかな」

●この間は「もうちょっとマシになって民主的になっていた」とおっしゃいましたよ

「もうちょっとだけだからさほど変わらずよ」

「もうちょっとだけはね」

「マシになってたと思うけどさ」

●そうなんですか…竜馬はどう利用されたのでしょうか

「自由（リベラル）っていうのかな」

「そっちは抑えられちゃったからね」

●竜馬がいなかったら、あるいは動かなかったら多分江戸は戦争になっていたんじゃないのでしょうか

「戦争にはなっていなかった」

●火の海にはなってないのですか

「そうね」

●やっぱり回避するんですね

「そう」

●そうすると徳川幕府も無血開城っていうか、事なしで開城してたんですね

「無血開城よ」

●竜馬がいなくても

「いなくても」

●勝海舟あたりがやっていたのでしょうか

「ギリギリだけどね」

●そうなんですか…竜馬がいたことで変わったことっていうのはじゃあ具体的に何なのでしょう

「竜馬一人がっていう意味では…」

「あの流れはちょっと大きすぎてね」

「だから、さほど、なんだよ」

●じゃあ大体あの形になるのはもう必然だったんですね

「そうね」

●しかも竜馬がかき回したことによってちょっとリベラル性が薄くなってしまったっていうことなんですね

「ガチガチになっちゃったわね」

「保守のあっちの頭の固い皆さんの薩長の方…そっちにダン！といったのはそのせいね」

●ああ薩長ですか

「もうちょっとリベラルに、もっと混ざるはずだった…でも向こう側にかたまってしまったね」

●リベラルな藩ってどこなのでしょうか

「まぁあの辺はみんな五十歩百歩だね…でも二大台頭じゃなくてね、そういう意味で薄まったね」

「でもまぁあの辺はみんな同じよ」

●なるほど、集中しちゃったんですね。権力を持っちゃったから…そこに振り回されちゃって

「ガチンガチンになっちゃったね」

●本当はもう少し…

「もうちょっと」

「同じようなガチガチだけども「民主的」な形ということで」

●もし竜馬が生きていたら明治政府はどうなっていたでしょうか

「生きていたらもうちょっと上の視点で見れただろうね」

「もう少し俯瞰して見られたといったらいいかね…立ち位置というか…薩長の平たい目線じゃなくてもうちょっと上から見れただろうね…日本という国を」

「あの人が続いていたら」

陰始度

今地上に出て来ている人間の陰始度というものを計ってみました（自分の思いと自分ではない陰始の操り度といいますか、簡単にいいますと他人の思いです）。

正確には時と共に刻々と変化しているのですが、大体の平均というところで出しています。

「今の人類は平均82％～86％」

「竜馬の小さい時は26％」

「10代の後半・道場に通っていた頃に濃くなる・58％」

これは道場周辺における人たちの竜馬に対する思想教育のようなものが大きく影響しています。また佐久間象山さんの塾でも影響は受けています。

「暗殺される前あたりは72％」

こうして見てみますとあの竜馬でさえ濃い陰始度を有していました。

人間として生きている限り陰始との絡みは「やむを得ない」といってしまうのは安きに流れることかもし

れませんが、それでも宇宙全史における「地球は実験星」、それ故「何をやってもいい」という有り様には何かしらの違和感がつきまといます。

しかしそれでもそれだからこそ、そこからの学び、進化というこのオーム宇宙におけるセオリーは、私を更なる探求の道に引き込んでいきます。

ちなみに私の陰始度は１％以下です。

これはひとえに五井先生の「やわらかいお祈り」によるものが大きいようです。

「やわらかいお祈り」

私は幸せでありますように

私の悩み苦しみがなくなりますように

私に悟りの光が現れますように

生きとし生けるものが皆幸せでありますように

（世界平和の祈りがどうしても祈れないという方は、このお祈りから始めてください・やがて自然に救世の大光明である世界平和の祈りに導かれていきます）

女郎

「20年後の…」の本で降ろされた陰始に関しての情報は初めから暗中模索の有り様でした。

そんなわけで一向にまとまりがつかず「ああここもそうか」「あそこも陰始だったのか」というドタバタが続いています。

しかしこの本ではそのドタバタは自分たちが真に陰始まみれにはなっていると気づいていないという思い込みがあったからだと気づかされていきます。

特に社会的に影響のある人たちや、精神的指導者などにはその「責任」の負荷が一般人よりも大きくかかっているのです。


竜馬は南方系の陰糸の影響を強く受け、そのエネルギーをもらうことで時代の潮流に乗り、維新回転を成し遂げています。

勝海舟も同じく南方系（竜馬の南方系とは異なります）の陰糸の一派ですが、彼も陰糸の意図で動いていた人でした。

ただ竜馬は急ぎ過ぎたため「もう少し封建的な明治政府」を作りたい陰糸一派に殺され、勝海舟もロシア系の陰糸一派に殺されかけていますが、自分の陰糸勢力にギリギリ守られていました。

勝海舟は結構リベラルな人でしたが、その陰糸勢力もリベラルな陰糸でした。

ですから一言で陰糸といいましてもそのすべてが陰湿で嫉妬深く弱々しいというわけではないのです（ただ勝のリベラルさは操るためのリベラルさでしたが）。

女郎という商売があります。

売春婦のことですが、幕末期にも売春宿や遊郭《ゆうかく》はあり、竜馬も頻繁に通っていました。

そして梅毒にかかっていますし、そのせいで簡単に暗殺されてしまっています。

事実としてはそうなのですが、女郎という人たちは一種の最下層選民なのです。

人類の歴史上もっとも古い職業ともいわれていますが、人の欲望の根源に結び付いた、なくてはならない職業ですが、常にさげすまれ一般社会からも排除され、貧困と絶望の中で女性たちは生きて来ています。

陰糸はもちろんこの女郎さんたち、売春婦を通して底辺からの性欲というエネルギーをまとめて収奪しています。

そのエネルギーも他のエネルギーと同様２０１２年に日本の陰糸が離脱するときに返還されているのです。

その時実は竜馬にも返還されているのですが、竜馬はそれを受け取っていません。

五井先生
「あの人受け取ればいいのにね」

ポロッとおっしゃいました。


竜馬は自分の所に還って来るエネルギーをすべて女郎さんたちに回しています。

それは自分も女郎部屋に通っていた時に、自分を通して女性たちのエネルギーが陰糸にとられていたことを知ったからですが「そっちが先」と竜馬は思っているようです。

第17章　アインシュタイン

理論物理学者、「現代物理学の父」
生没年：1879～1955
出身地：バーデン＝ヴェルテンベルク（ドイツ）

チューリッヒ連邦工科大学卒業後、仕事のかたわら執筆した論文で博士号を取得するとともに「ブラウン運動の理論」と「特殊相対性理論」を完成させる（1905年／「奇跡の年」として知られる）

以後も精力的に研究を続け1907年に特殊相対性理論を表現する関係式（$E=mc^2$）を公案、ついで一般相対性理論を発表し（1916年）、1921年には光量子仮説に基づく光電効果の理論的解明によってノーベル物理学賞を受賞した

一般相対性理論の発表後に統一場理論の構築に行き詰まり潜在意識下でフリーメイソンと接触しており（『宇宙全史1』参照）、「人間関係」と引き換えに明晰性を獲得するも探究の途上で死去した（享年76歳）

アインシュタインは集合魂に戻っていますので「地球に残る・残らない」という命題の答えは、集合魂の回答によります。

「残るもよし、残らないのもよし」

「どっちでも楽しい」

そんな感じです。
そもそもアインシュタインの集合魂とはいかなるものなのでしょうか。
アインシュタインが特別な魂だったのでしょうか、それとも集合魂自体がみんなあんな感じなのでしょうか。

月読之大神
「そんなに特別ではないね」

あれで特別な存在ではなかったのですか…それでは他にその集合魂から出て来ている私たちが知っている方はいますでしょうかとおたずねしますと、

「数学者」

と降りて来ます。

もう少し詳しくお聞きしますと、

「インドのシュリニヴァーサ・ラマヌジャン」


という100年ほど前の数学者が出て来ました。

この方は「インドの魔術師」という怪しげなあだ名がついた数学者で、アインシュタインのように直観的で、そのひらめきは彼を知る人をして「天才」といわしめています。

とにかく変わった方のようで「アインシュタインを凌駕する」天才性と変人さを兼ね備えていたようです。

他にもフランスの数学者で「ルネ・トム」という方はわりあい最近の方で2002年に亡くなっています。少しは耳にした方があるかもしれませんが「カタストロフィー理論」という数学らしくない理論や宇宙全史の次元認識である「フラクタル」という概念にも（たぶん）関わっていたようです。


他にもいたようですがこの二人も数学というよりは「ひらめき」がメインの有り様で、例えばインドのシュリニヴァーサ・ラマヌジャンはとんでもない数学の公式なり結果を途中の「証明」という過程や「計算」自体を省略して導いています…というよりもその「証明」「計算」という概念がないというくらいに、ただひたすら「ひらめき」→「答え」のみで当時の数学界を震撼させています。

つまりアインシュタインもこの数学者たちもある意味芸術家のような有り様で、インスピレーションだけはものすごく、それを一般人が理解出来るキチンとした理論や公式に展開するには、他の学者たちの力を借りるということをしていたようです。

アインシュタインの集合魂

この集合魂は少し変わっていまして、一般的な集合魂というよりは「個人の集まり」的な一種の「村」のような感じになっています。

一般的な集合魂は個人の魂がいったん集合魂に戻るとほぼその集合魂の雲に溶け込んで一体化してしまいますが、どうもアインシュタインの集合魂はそれぞれの魂の粒が立っているといいますかハッキリしたままです。

おそらく個々の魂のエネルギー値が高いゆえだと思われます。

彼らはこの地球に自分たちの負債（カルマ）を刈り取るために来たというわけではなく、どちらかといいますと楽しみに来た、探求しに来たという雰囲気が強いのです。

それでは何を探求しに来ているのでしょうか。

即座に、

「証明」

とお答えが降りて来ています。

やはり数字を追いかけて何かを証明するという波動がすごく強い方たちで、興味がそっちにしか向かわないという特殊な志向の存在です。

悪妻

私は魔導師の集合魂のカルマを背負っていますから、魔女との関わりが濃く、そのカルマを思いっきり受けています。

そのせいで女性に対して一般的に少し悪い印象といいますか、一種の「憎しみ」があるようで（意識上はまったくないのですが）、悪妻などという単語には敏感に反応してしまうようです。

●アインシュタインの奥さんってろくでもない人だったという噂がありますが

月読之大神
「あのね、ろくでもない女性っていうのはある意味あげまんよ」

●どういう意味でしょうか

「一見するとものすごく旦那の邪魔をしているように見えるよね」
「あのソクラテスの妻と一緒でさぁ」
「あんな感じ」

●全然わかりませんが

「あのね」

「あなた達が思っているあげまんってすごく旦那さんを大事にして、尽して尽して尽しまくって旦那さんを出世させてっていうのが良い奥さんだと思ってるよね」

●私はそうは思っていませんが、一般的にはそうかもしれません

「一般的なそういうあげまんとはほんとのあげまんって違ってねぇ」

「ものすごく自分の要求ばかりを通してわがままで、でもこの旦那さんが一番っていう思いはどこかにあってねぇ」

「その旦那さんが何か偉業を成し遂げる…」

「つまり旦那さんのエネルギーを限界まで高めて、それを人類史上に書き込んでしまうような偉業を成し遂げるように操作する、まぁ一種の巫女みたいなものなのよ」

●本当ですか

「ただ、それがあまりにも常識っていう枠からはちょっと外れているから、人から見ると「悪妻」って見えるよね」

「ま、もちろん悪妻なのよ」

「その観点から見たらね」

「ただ、ものすごいこう…一つも二つも常識から抜けてるが故の思いの強さというのはあったね」

●もしその奥さんがいなかったらアインシュタインはあれだけの偉業を成し遂げられなかったのでしょうか

「短期間では無理だったろうね」

●でもアインシュタインはフリーメイソンの力を借りていますよね

「いくつも…」

「奥さんだけの力じゃない」

●その場合は陰始ももちろん絡んでますよね

「絡んでいるね」

「でも陰始の力を凌駕するほど強かったんだろうね」

●アインシュタインは陰始（フリーメイソン）に明け渡しているものがありました…世間体といいますか社会性か何かを明け渡していますよね（「宇宙全史」第一巻参照）

「そうね」

「でも彼にとっては…どうでもいいものだった」

「で、それはやっぱり奥さんの力だね」

「あの奥さんがもっとどうでもいい人だったから」

「彼にとって奥さんが思ってくれるからこそ彼は全然そういう名声とか社会的地位とか社会的な賞賛と

かっていうのは別に求めなかったよね」

●奥さんが思ってくれているってアインシュタインは知っていたのでしょうか

「知らない」

●ですよね

「ただ無意識下で彼の周りの応援の人達」

「つまり彼を守ってる者達が、それはものすごく感じていたみたいね」

●へえ…

「陰始の盾にも少なからずはなっていたよ」

●それが分かりません…奥さんは意識的にそれを思っていたのでしょうか

「意識的には思っていない、無意識だね」

「自分の欲望しか出していないね」

「ただそれが陰始にとっては拮抗作用にたまたまなったんだよね」

「たまたまじゃないな…」

「図らないという形の無意識の領域下でそれはなったね」

「ただ奥さんが陰始みたいなものなんだけどね」

「あの人にとってはね」

●アインシュタインにとっては…？

「もう一つの陰始みたいなものだったけどね」

●アインシュタインは奥さんにエネルギーを取られていたんでしょうか

「そう」

●さっきとちょっと話が違いませんか？

「アインシュタインとしては、奥さんにエネルギーを吸い取られてると感じていたよ」

「つまりストレスだった」

「奥さんがね」

「すっごくね」

「ただ奥さんの方は無意識下で、彼の業績とか彼のエネルギーを書き込む役割はしていたんだよ」

●書き込むって何でしょうか

「集合意識の中で「何かを成し遂げる」という書き込みがあるんだよ」

「そこに書き込んでいた」

●書いてたのですか

「強く思いで刻み込んでいた」

「その彼の業績って言ったらいいのかね」

●なるほど…

「彼は絶対成功する」

「彼は絶対何かやる」

「という…無意識下で彼女はその幇助《ほうじょ》っていうか…」

「助けをしていたよ」

「ただもう、世間から見るとほんとに完璧な悪妻にしか見えなかっただろうね」

●その有り様がよく分かりません

その奥さんの役割っていいますか、お務めっていうのでしょうか、何故そんな形になっているのでしょうか

表面は悪妻なのに潜在意識下でそういうことをするっていうのは…何故そうしなければいけないので

しょうか

「それはアインシュタインの集合魂からの一種の守りとしての贈り物だったりするよね」

●それはそうかもしれませんが…ただ、何故表面意識が悪妻で、潜在的に幇助するという何故そんな有り様なのでしょうか

「なんというのかね…悪妻の集合魂みたいな…」

「まぁそういう名前の付け方はしたことないけどそういうのあってさ」

●ああ、あるんですか。
表面は悪妻で、でもほんとはあげまん？

「ま、はっきり言って性格は人のことなんか何も考えないし自分のことしか考えないっていうのがあるの」

「で、それが素直に表面に出ちゃう人達っているのよね」

「ただ、思いの力がものすごく強い」

「自分勝手で思いの力だけが強いっていう皆さんがいる」

「で、容姿も別によくはないし、性格もよくはない」

「でも思いの力だけで、それだけで…」

「まぁ〈運が良い〉集合魂のみなさんっていったらいいのかしら」

●そんなものが存在するんですか

「存在する」

●だって性格は悪い、素行は悪い、思いは悪い、それでなんで運がいいのでしょうか

「自分がそれだけで生きていける運の良さがある」

●ですからその性格のどこに徳があるんでしょうか

「悪妻ってね、人は思うの」

「でも本人達はものすごく天真爛漫というか悪気も何もない」

「そういうみなさんなのよね」

「ただ周りがものすごい誤解する人達といったらいいかしら」

「で、実際の所、性格が悪いわけではないの」

「ただ回路というか通路というか…思いのベクトルが全く違う所から生えてる皆さんかしらねぇ」

「そういう人達が極少数だけど存在する」

●それでは本当は性格は悪くないんですね

「ただ表面から見たら悪いようにしか見えないね」

●魔女とも違うんですよね

「魔女とも違う」

「魔女は作為的にそれをやるけれど、あの人達に作為はどうもないね」

みわ
「ちょっと違うんですけど原人に少し似ている感じがします…原人の女性達に少し」
「原人の女性達に少し知恵をつけた感じの雰囲気が…」

●でも原人は多分悪妻とかいわれませんよね…きっと…馬鹿とはいわれるでしょうけど

月読之大神
「悪妻とはいわれない」
「天然って言葉が強いかな」
「でも原人ほど天然ではないね」

●原人は天然ですよね

「完璧に天然」

みわ
「少し天然じゃない…でも作為としか私には翻訳できない」

●たぶん作為があるとカルマが生じるから運が良いわけないですよね

みわ
「うん、でもすっごく守られているというか、天然の徳の塊みたいなものは持ってきているんですけれども、それがキチンと発露しないというか…何かでこう、ちょっと「性格悪い」とか「わがまま」とかって、人の嫉妬を買うようなことにちょっとなっちゃうような人達なんですよね」

●面倒ですがいずれこの「悪妻」ゾーンの方たちには触れる機会もあるかもしれませんね

第18章　エジソン

発明家、起業家
生没年：1847〜1931
出身地：オハイオ（アメリカ）

幼少期から数々の実験に没頭、1877年に発明した「蓄音機」で名声を得る
以後、ニュージャージー州に「メンロパーク研究所」を設立し、多くの発明を行うとともに起業家としても辣腕をふるった
同時代の発明家ニコラ・テスラとは送電システムをめぐって争うも、自身の発明品として力を入れていた白熱電球に最適な直流方式にこだわり敗北した（「電流戦争」）

発明品──「電話機」「キネトスコープ」「アルカリ蓄電池」「人工ゴム」など

ついでのようで申し訳ないのですが、この際エジソンも収録してしまおうと思います（本来とる予定はなかったのですが、どういうわけかアインシュタインの流れでそのままエジソンの収録に入っています）。

私は宇宙全史を学んでからはあまりエジソンが好きではなくなっていたのですが、彼は地球に残りたいのでしょうか。

「残りたい」

その思いが強いようです。

何故私があまり好きではないのかといいますと、当時のライバル、テスラに対して結構意地悪をしていました（テスラの業績で現在残っているのは、私たちが日常で使っている交流電流というものが有名です）。

かつてテスラの発明、発見したカテゴリーはこれからの地球の科学の基礎になっていきます。それくらい素晴らしいものをテスラは当時私たちにもたらそうとしていたのですが、エジソンなどの妨害により潰《つい》えています。

どうもエジソンはテスラに対してかなりの嫉妬があったようでした。

しかし今は反省していて「嫉妬で見えなくなっていたところはキッチリ反省します」といっています。

そしてこれからの地球に残り「自分の出来ることをまだやりたい」、それがテスラの業績を手伝うことであっても何でもいい、どうしてもやっていきたいと思っています。

そこまでいうのならまあいいかなと思ってしまいますが、それは私のいうことではないのですが、キッチリ反省する魂は許されるといいますか、地球に残ることは許可されるのです。

テスラはどう思っているかと確認しましたら、あまり気にしてはいないようでした。

第19章　ニュートン

学者
生没年：1643〜1727
出身地：ウールスソープ＝バイ＝カールスターワース（イギリス）

幼少期に実父を、14歳で養父を失い、以後祖母に育てられる
1661年、ケンブリッジ大学のトリニティ・カレッジに入学
1665〜66年の間に流行したペストの影響で大学が閉鎖し故郷で思索に没頭する機会に恵まれことが「万有引力の法則」「運動の法則」「流率法（微分積分法）」など多くの発見につながり（「創造的休暇」）ケンブリッジ大学のルーカス教授職に就任（1669年）、在職中に「光学」「プリンキピア」を書き上げた
先の二大主著の執筆後、研究を巡る軋轢などもあり一時は精神的に不安定な状態に陥るも1896年に弟子のチャールズ・モンタギューの推薦で王立造幣局監事に就任し1899年には長官に昇進すると精力的に仕事に打ち込み死ぬまでその職を務めた
（この間、王立協会会員、庶民院議員、王立協会会長、グリニッジ天文台観察委員長もつとめている）

集合魂に戻っていないニュートン

彼が亡くなってからすでに300年近く経っていますが近代科学の父ともいえるニュートンはどうしているのでしょうか。

彼は新しい地球に残ろうとしているのでしょうか。

彼の思いを見てみました。

「必要とされるなら残らないではない」

数学も科学も近代文明の礎《いしずえ》を作った方ですから多少偉そうなのは仕方ないですが、それにしてもちょっとな感じです。

しかしそれ故にこのままだと彼は消えていく方のカテゴリーに入ってしまうことになります。

それは彼の思いが「望まれるのなら」「必要とされるのなら」「残らないではない」という一見エラそうに見えるその思いが「人に依《よ》りすぎる」ということなのです。彼自身の思い「自分がどうしたい」「自分が残りたい」という思いがそこにはないのです。

ただ彼の中には「必要とされたい」という部分で引っかかるところがあるので、そこに一縷《いちる》の望みがないこともないのです。

しかし彼は今幽冥界に一人でポツンといます。魂の故郷である集合魂には戻っていません。

何故なのでしょうか。

彼には「必要とされたい」という思いはあるのですが、先ほどもいいましたようにその中に「自分が」というところがなぜか希薄になっているのです。「自分が」という思いが希薄ということは「エゴ」が薄くていいのではないかと思うのですがどうも逆のようで、エゴがないのではなく却ってエゴだらけということがいえるのです。

ちょっと難しいですが、エゴだらけなのに「自分が」という思いがないということはつまり「人に依っての自分」、人に求められて、必要とされてのエゴでしたので、ある意味自分が空っぽなのです。

「今自分がどうしたい」というのがそこにはないのです。

地上にいたときは好奇心いっぱいで一生懸命精力的に探求して色んなことに邁進していました。

でも今は空っぽなのです。

エゴ

ニュートンは生きているとき「人に必要とされなければならない」という思いが強くありました。

人に必要とされて初めて自分があったといってもいいでしょう。

ところが今はそれがまったくないのです。

幽冥界の彼の周りには誰もそういう人がいないのです。

しかしあの世という想念界では「自分が思ったことが即実現する」という法則があります。それはニュートンでも例外ではないのですが、彼の場合は必要とはしているのですが、その必要としている人が、「必要とする」人を「必要としたい」のです…ややこしいですね。

なぜ望んでいるのにそういう人たちが彼の周りにはいないのでしょうか。

よく見てみますと彼が「彼を必要とする人」に条件を付けています。

そこに一定のステイタスといいますか、ステージを持った人でないと嫌だという一種の虚栄心に似たものがありました。

「自分を評価してくれる人達はものすごく立派な人達じゃなきゃいけない」

自分が認めた立派な人たちじゃなきゃ駄目だといっています。

そういう人たちが認めて必要としてくれて、崇《あが》め祭ってくれないと嫌だという、ちょっとわがままな人なのです。

生きているときはそれが「称賛」としてありましたが、今は彼の周りにはそういう人たちは一人もいません。

しかし彼の思いは今でもそのままなのです。

かなり変わった方のようです。

ニュートンの出身星

何度も申し上げますがニュートンは近代科学の土台を作った方です。その彼がどうしてそんなにつまらないところで躓《つまず》いているのでしょうか。

自分に自信がないといいますか、自己完結すべきピースがポンッと外れてしまっている感じなのです。そこで満足できない、空っぽなのにそこでしか満たされないと思い込んでいるエゴがあります。

ニュートンの集合魂はどこから来ているのでしょうか。今度はその方向から探ってみます。集合魂全体はやはり頭のよい人たちですが、称賛を得たいという思いも非常に強いものがあります。そしてその称賛が「快楽」に直結するというすごい構造がそこにあります。

何かエル・ランティに通じるところがあります。

ですからエル派閥ではあるのですが、エル何とかというエルの称号が付くような階級ではなく、支配される側のイルプロラシオンにあった非常に特殊な階層でした。

しっぽ切り

20年後の地球には「自分たちが楽しければそれがいい」という人たちだけが残りますから、人に崇めてほしいと思っていても、地上にもあの世にもどこにもそういう人はいなくなってしまうのです。

そうすると自ずとニュートンの集合魂の行く末が見えてきますが、それはどうなのでしょうか。

●残りたいと思っても残れないのではないでしょうか

月読之大神
「その辺だろうね」
「かなり残らない方には傾いてはいるだろうね」
「完璧にそっちに傾いてるわけじゃないけどさ」
「どっちかというと残らない方のほうが強いね」

ここでニュートンの守護霊さんに確認してみました。

守護霊
「どうにもならない」
「話しかけてはいる」
「問いかけてはいる」

「でも本人が殻に閉じこもってしまっている」
守護霊さんというのはこの世でのコンタクトよりあの世でのコンタクトの方が格段にやりやすいはずです。しかしニュートンがあまりにも頑なにシャットアウトしてしまっていると、逆に肉体がない分少し厄介なところがあるようです。

月読之大神
「殻に閉じこもっちゃうと結構鉄壁なのよねぇ」
このままですとニュートンは地球を去っていく、あるいは消えていきますが、集合魂はどうなるのでしょうか。

集合魂
「踏ん張りたい」
●踏ん張れるのでしょうか

月読之大神
「そうね」

●すでに伺っていますが、地球界の想念界におけるアセンションは幽冥界が決定するはずですが…つまり今幽冥界にいるニュートンが決定権を持っているのではないのでしょうか。

「その通り、しかし集合魂の踏ん張りたいという思いが強いね」

「幽冥界が決めるのだけど、今は集合魂が踏ん張りたいという意志の方が強いから…どっちに転ぶかな…っていうと残る方に転ぶ感じだね」

●そんなこと出来るのでしょうか

「出来る」

●それでは幽冥界に迷っている魂が残っていても、集合魂が強く思えば地球に残れるんですね

「幽冥界が決めるということは原則なんだけどね」

「まあ残れるね」

●それならば自分たちの集合魂の中から悪い要素をみんな適当な魂として地上に放り出して、それが死んだら（おそらく幽冥界に行くでしょうから）幽冥界に置き去りにして集合魂だけさっさとアセンション

してしまえばいいということですか

「集合魂のエネルギー数値というかそれにもよるよ」

●そういうことが出来る集合魂もあるということですね…それではニュートンは捨て駒になるということですね

「まあはなれ駒のようなものかな」

●もともとそういう意図だったのでしょうか

「そういう意図はしていない」

「結果論としてははなれ駒になってしまった」

「取り込みたいとは思っている」

「集合魂はね」

●今はどうしようもないのですね

「本人が頑なだからね」

●もう少しニュートンが生きているときにチヤホヤしてあげたらどうだったんでしょうか

集合魂

「やった」

「出来るだけはやった」

●でもニュートンは子供時代に両親の愛情を受けられるような状態になかったじゃないですか。そこを克服してあれだけの業績を上げているのですから、もう少しチヤホヤしてあげてもよかったのではないでしょうか

「本人がどう取るかっていうのは本人次第だから」

「こっちはできる限りのことは全部やっている」

「サポートはしてる」

「両親のことはこちらで協議のうえで出したことだからね」

●そうかそういうカルマを背負った上で納得して出て来ているんですね

月読之大神

「最大限やっぱり力を発揮する為に、つまりカルマの解消という形をする為には力のある所ほどそういう所あるよ」

解消すべきもの

それではニュートンが集合魂から持ってきた「向き合って解消すべき感情」とはいかなるものだったのでしょうか。

その一番大きかったのが「他人から称賛されたい」というものでした。

自分はもっと称賛されるべき人間だという傲慢さから抜けられていないのです。

生きているときにそれだけのことをやっていたのですが、自己評価が非常に低い人なのです。

月読之大神

「それは自分自身で納得して埋めなきゃいけない感情だったよ」

●でもそれは彼が幼いころ両親の愛を受け取れなかったというところが大きいのではないのでしょうか。

「発端はね」

●そこから何とかしてほしかったというのが集合魂の願いだったんでしょうね。

それにしても集合魂としては「サポートはしている」といいつつも、ニュートンに重いカルマを押し付けて、地上でクリア出来なかったら切り離して、自分たちだけアセンションしていくというやり方はあまりにも合理的といえば合理的ですが…私も魔導師たちのカルマを背負って降りて来ていますから…何か共感する部分があります。

しかし月読之大神によりますと、ニュートンと異なり私の背負っているカルマがあまりにも重いので、そういう場合は切り離すことは出来ないようです。

ニュートンの本音

殻に閉じこもってしまっているニュートンに何か気づくよすがのようなものはないのでしょうか。

月読之大神

「100%ないことはない」

●どういうものでしょうか

「共感するものがあれば」

●彼は何に共感するのでしょうか

「それは彼自身あんまりよく分かってないようなんだよね」

さらに彼には強力な選民意識のようなものがあり、ひとことでいいますと「馬鹿は好かん！」という波動をまとっています。

初めはみわが話していましたが、

みわ

「ちょっとお願いします」

ニュートン

「話にならん」

とけんもほろろです。

仕方がないので私が、

「どうしたいの」

と聞くと、

ニュートン

「楽になりたい」

と答えてきました。

そうなるとこっちのものですから、すぐに五井先生のお祈りを教えようとするのですが、スパン！とシャットダウンされました。

それはニュートン自身がやっていますが、どうも守護霊たちも間に入ってやっているようです。

それまでは守護霊さんたちはノータッチでしたが、五井先生のお祈りを教えようとしたとたんに介入して来ています。

どうやら彼らには「怖れ」があるようです。

その「怖れ」とは一種の「壁」のようなもので、五井先生の大きな慈悲の波動が理解できないようで、それがどうも怖いらしいのです。

自分たちが持っていない、想像もできない巨大な「愛」に怯えているのです。

その怯えは彼らのプライドから来ているもので、その無駄なプライドを守るため「怖れ」という感情にすがるしかなかったようでした。

最後は「楽になりたかったら連絡してきなさいね」と申し上げて通信を切りました。

第20章　ジャンヌ・ダルク

軍人
生没年：１４１２～１４３１（ユリウス暦）
出身地：ドンレミ（フランス）

12歳の時に大天使ミカエルから受けた「フランスからイングランド軍を駆逐し王太子（シャルル７世）を王にせよ」という命に準じシャルル７世に謁見、その正当性を認められたことからオルレアン包囲戦への参加を許され劣勢だったフランス軍を勝利に導く（１４２９年）

その後、勢いに乗ったフランス軍を指揮して領土を半分まで取り返すも１４３０年にブリュゴーニュ公国軍に捕まりイングランドで異端審問にかけられ火あぶりの刑に処された（その死後わずか25年で復権裁判の末に無実と殉教が認められ、20世紀には列福、列聖されている）

シャルル7世の奇跡

日本でいいますと戦国時代のような感じでしょうか。

しかし戦国時代ほど群雄割拠《ぐんゆうかっきょ》していたわけではないのですが、フランス内部の2極対立の隙につけ込んで、海をこえたイギリス（イングランド）が侵攻して来ています。

ですから国内だけの戦いではなく、そこではフランスの存亡を賭けた闘いが繰り広げられていました。

ジャンヌが歴史の表舞台に出て来るのは、シャルル7世がまだフランス国王になっていない時、シャルル7世派のフランス軍がイングランドとの闘いに連戦連敗している時期でした。

このあたりのお話しは皆さんよくご存じでしょうから少しはしょりますが、農家の娘だった12才のジャンヌが天啓を受け、シャルル7世の軍を助けて当時まだ王大使（王子）だったシャルル7世を正規の王に就《つ》けるというものでした。


田舎の農家の少女が神のお告げを受けたという噂を聞いたシャルル7世はジャンヌと会うことにします。

ジャンヌが謁見《えっけん》した時、シャルル7世は彼女を試します。

その結果シャルル7世も臣下の者たちもたちまちジャンヌを信用してしまうのです。

しかしその時何をジャンヌに試したのかは歴史には残っていません。

今回はそこを調べてみました。


その時まではシャルル7世もその取り巻きの人たちもジャンヌが神のお告げを受け取ったということには

半信半疑でした。

そこで謁見前にちょっと準備しています。

一つはシャルル7世自身に臣下の服を着せ、似たような臣下にシャルル7世の衣装を付けさせて中央の豪華な椅子に座らせています。

そこにジャンヌが来るのですが、中央にいる偽のシャルル7世の方は見向きもせずに真っすぐ脇の臣下（本当のシャルル7世）の方にいきひざまずいて礼をします。

これには一同驚きますが、ジャンヌは冷静にそのまま問答を続けます。

その後シャルル7世の家族の構成や、母親の出身などを聞かれてジャンヌは正確に答えています（シャルル7世のような人の家族構成など誰でも知っているかと今は思いますが、当時は意外とそんなに知られていることではありませんでした）。

この時ジャンヌに教えていたのは大天使ミッシェル…宇宙全史ではミカエルというものでした。

その後ジャンヌはシャルル7世の正式な軍に加わり、連戦連勝を重ねていきますが、シャルル7世が王位についた後、敵軍につかまり不当な裁判により火あぶりの刑に処せられてしまいます。

煽動の火

一人の少女が今から約600年前にフランスを救いました。

それも身を挺して前線で自ら指揮をとり、傷つきながらも兵士たちの士気を高め、常に勝利をおさめていったのです。

そのパフォーマンスは現代に至るまで多くの人たちを鼓舞し、宗教的には「聖人」、人間的には「英雄」としてほぼ神格化されています。

それでは実際のジャンヌはどういう女性だったのでしょうか。

一介の少女がフランス軍を率いるというあり得ない現実の中では、誹謗中傷、裏切り、妬みが渦巻いていました。特に火あぶりになった裁判の前後は醜い人間の有り様をまざまざと目前で見ています。

しかしそれでも彼女の本性は一言でいいますと、

「人が好き」

それですごく純粋に神様を信じるというピュアさを持った女性でした。

このジャンヌを利用したのがミカエルであり、そのミカエルを通じてエネルギーの奪取をはかる陰始でした。

しかし利用したのは利用したのですが、現実的にジャンヌはフランス人民に今日に至るまで勇気とアイデンティティを与え続けているのも事実です。

そういう意味ではエル派閥のミカエルもそんなにバカな事ばかりしていたわけでもないとは思うのですが、ジャンヌの最後の火あぶりによる処刑はチグハグでした。

結末が「火あぶりにした方が焦点が彼女に集まりやすい」という理由からやっています。

皆さんの「同情」を…つまり「エネルギー」を劇的に集めるパフォーマンスとしてやっているのです。

そもそもが彼女の純粋な宗教心を利用して、その思いを戦いに向かうエネルギーとして変換しています。

それにより多くの人々のエネルギーが極端に彼女に集中し、まとめて収奪するのに便利だったということがありました。

人々を煽動するその炎は、陰始にとっては（あるいはその配下の者にとっては）とても都合のよい美味しい機会になっています。

独裁者に踊らされる人民、プロパガンダに流される知識人、プロスポーツに熱くなる人々、人気歌手に夢中になるファンたち、それはある意味一種の作られた「煽動」による効果なのです。

その煽動を担ぐ人、あるいは煽動される人たちも共に陰始の結界の中で蠢《うごめ》き踊らされる人たちなのです。

地球に残りたい

確かにジャンヌはミカエルにより操られ、利用され、そして火あぶりになりました。

しかしそれでも、

「裏切られても裏切られても人が好き」

その思いが彼女を地球に残らせるのです。

第21章　イエス

「神の使徒」

生没年：1～33

出身地：ベツレヘム（パレスチナ）

大工ヨセフとその妻マリアの子として育ち父の仕事を手伝いながら物思いに耽る日々を過ごす中、荒野で羊飼いの老人（洗礼者ヨハネ）と出会ったことをきっかけとしてにわかにガリラヤで民衆に教えを説き始める

次第に信望者が増え布教活動が目立つようになるとローマから捕縛命令が出されるもこれを黙殺、32才の時に捕まり異端審問ののちにゴルゴンの丘で磔刑に処された

奇跡（超能力）

人類の歴史では多くの聖者、聖職者、教祖等が神通力、自在力、超能力などを駆使し人心を集めるということがありました。

イエスもその一人で病人を癒したり水上を歩くというパフォーマンスは有名です。

しかしその超能力（キリスト教では奇跡とかいっていますが）のエネルギーは一体どこからきているのでしょうか。

「それは普通にイエス本人から来ているんじゃない？」と思われるかもしれませんが、詳細に調べてみるとそうではなかったのです。

まず実際には「宇宙全史」第一巻で書いておきましたように、一つには「人類の贖罪《しょくざい》」という一面があったことは確かです。

それがイエスの本望なのですが、反面「利用された」というパフォーマンスであったことも事実でした。そのパフォーマンスというのは陰始の操作であり、陰始の操作を受けたエル派たちの意図でもありました。

それ故本来あそこまでの奇跡といいますか超能力を発現することは出来なかったにもかかわらず、それが可能だったのは多くの人々から集めたエネルギーをそうした超能力に変換してイエスに降ろしていたということがありました。

しかし仏陀や五井先生、植芝先生もそういう力をお見せになっていますが、そういう力の由来はどこから来ていたのでしょうか。

仏陀の場合は集めておられますが陰始を通してではなく、ご自分でやっておられます。

五井先生の場合はご自分の霊団や守護霊の力がものすごく大きく、それでまかなっておられました。

植芝先生は自然の力といいますか精霊の守りが強く、その発現が特異な形で現れています。

仏陀のお弟子さんなどにも自在力をお持ちの方がおられましたが、その場合通常は簡単に陰始に傾いてしまう方もおられましたが、すべて仏陀の目で修正させられていました。

傾きそうになると仏陀の目で全部修正しています。

ちょっとおかしくなり始めていると、仏陀にキュッと見つめられると「ハッ！」となって、そこで気づくといいますか覚醒しています。

しかし仏陀が亡くなってしまうと何人か陰始に囚われてしまったお弟子さんはいたようでした。

西洋世界をコントロールするために利用されたイエス

イエスは地球に残るか残らないかという問いに、

「ずっと共にいる」


と答えています。

もちろん集合魂に戻っていますし、戻るも戻らないも自由な境涯の魂です。

しかしそういう存在でありながら生前もずっと陰始、そしてエル派の影響（操作）を受けて、それに気がつきもしなかったというのは実に驚くべきことでもありますし、私たち凡夫にとっては恐るべき事実になります。

それではイエスの集合魂はどうしていたのでしょうか。何も手出しができなかったのでしょうか。なすがまま、されるがままにしていたわけではなかったのですが、どうも手出しは出来なかったようです。そもそもその時点で陰始の結界といいますか、システムが回り出していて、そこに手を出すということは不可能だったようです。

それならそのシステムが回り出す前に何とか出来なかったのかと考えますが、そこも無理だったようで、そのあたりは実に巧妙な陰始の取り回しがあったようでした。

いってしまえばこちら側が幼くて、陰始サイドが実に巧妙だったといえます。

その結果としてイエスの十字架での磔というパフォーマンスは、その後の西洋世界の有り様をコントロールすることになっていきます。

例えば十字架による「贖罪《しょくざい》」という名の犠牲、生贄《いけにえ》の正当性、悪魔と神、善と悪という2元対立等の分かりやすい、しかし愚かな幼い価値観を西洋社会に根付かせていくことで、支配しやすい、コントロールしやすい世界を構築していったのです。

イエスの源

これまでの宇宙全史ではイエスの出身は仏陀と同じアルデバランと記してきましたが、今回の収録でとり直してみますと、アルデバランはアルデバランなのですが「そっち方面」という曖昧な表現になっています。

仏陀と全く同じアルデバラン出身ということではなく、アルデバランという星系に基づく方向性は同じなのですが、出身星は別ということが判明しています。

いずれにしましても人類を含む地球生命とその行く末を共にし、慈悲と慈愛に基づく関わりを未来永劫に請願されている尊い存在ですが、どうも仏陀その境涯まではまだまだという感じで、何といいますか…「慈」を学ぶ段階にある「悲しみ」と「愛」の有り様の段階のように見えます。

それ故陰始にはかすめ取られやすかったのかも知れません。

それでも私たち人類には親しみやすく分かりやすい有り様であり、これからの地球にはなくてはならない存在だと思います。

第22章　卑弥呼

邪馬台国の女王、巫女
生没年：不詳〜２４７頃
出身地：不詳（日本）

中国の歴史書『魏志倭人伝』に「親魏倭王」として登場する古代日本の女王

「鬼道」に通じて民を支配し、死に際しては巨大な墳墓が建設され１００人の奴隷が殉葬されたとされる

彼女が統治した「邪馬台国」の所在地を巡っては主に九州説と近畿説が存在し、今現在も様々な憶測が飛び交っている（「邪馬台国論争」）

卑弥呼に関しましては宇宙全史のワークでは何度か前に収録してあります（おそらくまだどこにも書いてはいないと思いますが）。

それは卑弥呼自体というよりも「邪馬台国」や「天皇の系譜」という中に現れる卑弥呼の姿として描写されていました。

しかし天照大神《あまてらすおおみかみ》の指示により「今のところ卑弥呼は放置しておきなさい」ということでそのままにしてありました。

「邪馬台国がどこにあったか」という命題は、日本の歴史学上皆さんがとても興味を持つテーマのようなので明確にしておきたかったのですが、中々出せなかったということがあります。

場所の特定は時代とともに二転三転していますが（これを書いているときは何やらまた新しい事実が判明したようで、邪馬台国は近畿にあった説が有力になっています）、実際は九州にありました。

そうした歴史的な事実は卑弥呼、邪馬台国も含めてまたどこかで詳しく書こうとは思っています。

今回は「卑弥呼の今」にフォーカスして、この本のテーマに沿って調べていきます。

その前に卑弥呼は天照大神の眷属《けんぞく》といいますか、分霊の様なもので、そのため彼女のことに関しては天照大神の指示に従うことになります。

それは卑弥呼の今の状態が、直接私が接触すると少し危ない状態にあるということなのですが、それもまた別のテーマになりますので後回しになります。

卑弥呼は新しい地球の時代を前にして、今二つに分裂しています。

どうも「片方は残る」と「もう片方は残らない」というあのサタンのような様相を呈しているようです。

魂はサタン並みに大きいのでサタンの女性版かなと思いましたが、そうでもないようで、二つに分裂しているという面では確かにサタンに似ていますが、「サタンの女性版」という表現はそぐわないようです。

ただ生きているときは二つの側面を併せ持つ魂ではありました。

例えば性欲とか金銭欲とか政治欲、名誉欲等の要求を重ねるのにすごくストイックだったといいますか、奔放といったらいいでしょうか、そういう側面がありました。

あらゆる欲を極めたい、そしてずっと長生きして、ずっとこの位置にありたいという女性でした。

しかしもう片方ではとてもピュアな巫女の側面もあって…ありとあらゆる欲を奔放に追及するのとは全くかけ離れた天然の、地球原人のような有り様も持つ女性でした。

ですからサタンほどキッパリと白黒分裂というのではなく、もう少し人間的な二つの側面を持つ者としての魂ではあります。

消えるということの意味

卑弥呼のその黒い部分は、

「もういい」


といっています。

「もう消える」と「陰始に従う」といっているのです。

しかしもう片方は、

「生きて、生きて、もはやずっと生きて、永遠に生き続けて、私はここにいる」

とものすごく原人側を主張しています。

これまで「地球に残れるかどうか」をテーマに色々書いてきていますが、それでは実際に地球を去って「消えていく」という選択をした魂はどうなっていくのでしょうか。

すでにこの本を書いている時点では、これから未曽有の人間が地上から消えていきます。

「消えていく」ということはどういう事なのでしょうか。

その人たちは本当にこの宇宙から消えていくのでしょうか。

多くの人たちにとってはわりと切実な問題ですので少し深く探求しました。

●「消える」っていうのはどういうことなのでしょうか

月読之大神

「いられなくなっちゃうということね」

●「いられなくなる」というのと「消える」とは違うと思います・「いられなくなる」というのはどこか別の所でまたそういう…私から見るとめんどくさい世界ですけど、支配されようが何しようが、そっち

の方が好きだから生きていくっていうのと、「消える」というのはまた別の話ではないのでしょうか

「《消えざるを得なくなっちゃう》っていうことかな」

「本人達は消えるためにいってるんじゃないんだけどね」

●「消える」っていうのは「この宇宙から消える」っていう意味で私は消えると思っているのですが・この地球から消えるっていうなら分かりますが・どこか別の世界へ行くということなのでしょうか

「《地球から消える》といって宇宙へ飛び出した時点で、その人達はもう滅びの道しか選択肢はなくなるね」

「そういう意味だよ」

●でも色んな世界があるから、そういう支配される世界もあればもっと低い世界もありますよね・そちらへはいかないのでしょうか

「そっちにはどうもいかないねえ」

「いこうと思って食い合いを始めて、それで消滅しちゃう感じだよ」

「消滅しちゃうけど、最後の最後の生き残ったやつはどこへいくか分かんないね」

「いくんだろうね、自分のそのまた世界を探して他の宇宙にね」

●食い合いをして最後の最後に残るやつがいるんですね

「まあ…いる」

●そういうシステムになっているんですね

「弱肉強食のほんとに極まったような状態になる」

●卑弥呼さんみたいな大きな魂だと残るかもしれませんし、サタンなんかも残るかもしれませんけども…
弱いのが最初にどんどん食われていくわけですね

「そうね」

●そこで消えるんですね

「それに吸収されるといってもいいかな」

「その食った方にね」

●最後に残ったもの…それが、今回の地球の最初の陰始のタネのようなものなのでしょうか？どこか他の宇宙のそういう成れの果てのような存在だったものが、地球の黎明期に降りてきた…ということなのでしょうか

「そう」

●どこかで食い合いして残ったものが来ているんですね

「来てる」

●何かしら残るのですね

「そうだね」

●消えていませんね

「消えていないね」

「残る」

●なんで消えるなんておっしゃったんでしょうか

「それが皆さんの奥底のまぁ…最初の気持ちだからね」

「自分を滅ぼして欲しいけど滅ぼしてくれなくて、じゃあみんなを滅ぼそうとする」

「でもそれが叶わなくって、思いが変化してしまって、みんなを滅ぼせないのなら仲間のお前達も」

「自分を滅ぼすけど、お前らも道連れだ、みたいな感じで来てる」

「でもそれがまた叶えられないと、また地球ごとその魂をポン！と追い出されちゃうと、もうそれは宇宙空間を漂って、同じような魂を食い合って、食い合って、食い合って、それでまた自分を知らない所に潜り込もうとしてどこかにいくしかないんだよ」

「そういう魂なんだよ」

●でもどこかでまた復活するんですよね？じゃあ

「そう」

「また違う地獄」

「地獄というか、その魂が生きていける場所が実はあるからね」

「宇宙にはね」

●そうですよね、消滅はしないと…

「しない」

「ただ《滅びたい》は永遠の命題だろう」

「やつら…あの魂たちの」

●滅ぼしてあげればいいのかなとも思いますが

「そうだね」

●だからそこを滅ぼさないっていうのは「やつら」とか仰っていますけども必要なんでしょうね

「そうね」

●（この宇宙を）美味しくする為に

「そう」

私たちの宇宙は「生命（意識）の進化」という大きな命題を持ったまま動き続ける巨大な構造体です。そこで統括する方たちは一種の「必要悪」としての様々なアイテムを活用されています。それが私たちから見ますと「無い方がいい」と見えてしまう有り様なのですが、「生命の進化」を「美味しい」と表現される統括者たちには、「必要悪」はある種の調味料のようなものかも知れません。なければ無いで仕方がないが、あったほうが美味しいということかも知れません。

第23章　空海

僧、真言宗開祖、「弘法大師」
生没年：774〜835
出身地：讃岐国／現在の香川県（日本）

788年に上京（平城京）、やがて大学寮に入るも学問では満足できず山林修行を開始し20代で「虚空蔵求聞持法」を修して「空海」を名乗るようになる

804年、30歳の時に遣唐使の留学僧として入唐し師事した恵果より密教の秘儀を悉く伝授されわずか3年という異例の早さで帰国

その後は日本で真言密教の完成と普及に努め、高野山で入滅した

書にも優れ「三筆」の一人に数えられている

この本のテーマ「地球に残れるかどうか」ですが、大きく分けて3つのパターンがありました。

①　地球には残れない（滅びを選んでいる）

②　地球に残る（生きることを選択）

③　地球に残ることを選んでいる（①②とは異なり選択の自由を持つ）

人類の大多数は①か②ですが、稀に③の存在がおられます。

そしてこの章の空海も「見届けたい」という意図を選択しています。


空海に関しましては史実も充実していますからあまりそのあたりは触れないで、彼の修行時代、山野を駆け巡っていた頃の明らかにされていない部分に光を当てて見たいと思います。

それはやはり歴史の裏事情ということになるのですが、宇宙全史では「裏」にこそ本質が秘されているとこれまで多くの信じられないような事実を解明してきました。

そこには自分たちの都合のいいような情報だけを祭り上げた現代の薄っぺらな人類史からは絶対に得られない生きた記録が提供され続けて来ています。しかしそれを生かすも殺すも受け取る人間次第ですが、陰始に絡め取られた思考形態のままでは、中々受け入れられないのも事実でしょう。

空海の修行時代（求聞持法）

空海が19歳で長岡京の大学寮を辞め山野での修行に入っていきます（直後の７９４年に長岡京は平安京に遷都）。

大学で学ぶことがほぼなくなったということがありましたが、少し人間関係に疲れてしまったということもありました。

これはこの章の最後に明かされる空海の性格とも関係があるのですが、発達障害ではないのですが、少し空気が読めない疎《うと》いということがあり、下界を離れたいと山に入ってしまっています。

この修行時代に空海は二つの大きな出来事を体験しています。

一つは有名な密教の秘法「求聞持法」の成就、もう一つは陰始との闘いでした。

求聞持法に関しましては様々な文献に憶測に近い記述がみられますが、ここでは空海の人生においての最も大切なファクターの一つになっていますので、少し詳しく「求聞持法」の本当の姿を調べてみます。

求聞持法とはその修法を一旦成就すれば頭脳明晰、一度見聞きしたものはすべて忘れず、無尽蔵の智慧を授かるというものですが、実際に成就したという人を空海以外に聞いたことがありません。

ここからこの本の内容とは少し軌道がずれていったのですが、色々調べてみますと実際にまともに成就した人間は二十一人でした。

それもすべていわゆる行者と称される方たちで、高名な僧侶とか知名度の高い方などは一切おられませんでした。

覚鑁《かくばん》上人（１０９５年～１１４４年）が何度か成就したと史実にありますが、すべて完全成就にはなっておらず失敗しておられます。彼の場合は空海と異なり集中力が終盤無くなっており、各チャレンジで百万回真言（ノウボアキャシャキャラバヤオンアリキャマリボウリソワカ）を唱えてはいるのですが、正確に発音していませんでした。最後の方は自分ではちゃんと唱えているつもりだったのですが、言えていませんでした。それで何回もチャレンジはしているのですが（確か九回くらいやっていたと思います）、成就はしていなかったのです。


今回調べていくうちに「求聞持法」の本当のシステムが解明されていき、そのシステム通りちゃんとやれば誰でも成就できるということが判明しています。

基本的にあまり面倒な規則はなくザックリと「こうしてこうすれば良し」という行法になっていて、何日間で百万回真言を唱えなければならないという時間制限は本来なかったのです。

この発見は私たちにとっては僥倖《ぎょうこう》で、やってみたいという方にはかなり関門が低くなったはずです。

ところが同じく調べていくうちにこのシステムにチャレンジした方たちの死亡率が異様に高かったということが分かって来ています。成就した人がこれまで二十一人でしたが、失敗して亡くなってしまった方はその数百倍になっています。この失敗というのはちょっとお試しに百回や千回真言を唱えてみたという方たちは除いて、ちゃんと百万回唱えようと真剣に頑張った方たちでした。

確かにこの宇宙全史のワークにもたらされた求聞持法のシステムはシンプルなもので、きちんとやれば誰でも成就出来るものですが、逆にそこに大きな落とし穴もあったのです。

やはりリスクはあるのです。

例えば百万回唱えようとしても喉がもたないということがあります。だいたいは血を吐いてしまいます。それで真言を唱えようとしても唱えられない状況に陥ってしまいます。その頃はもう後戻りできない時期に入ってしまっていますから、命にかかわる事態になってしまうのです。そして一番大事なことは、これまで伝えられてきている求聞持法の修法には伝わっていない肝心のシステムがあるのです。

その理由がありまして、求聞持法に関しましてはある種の禁忌《きんき》がかかっています。それを感知しないで文献を調べても本当の求聞持法の姿は見えてこないといいますか、見せられないようになっているのです。

その禁忌とは求聞持法にチャレンジし、失敗して亡くなった人たちの怨念が集合して求聞持法に関わる情報を「禁忌」として封印してしまっています。

つまり本当の求聞持法は累々たる屍の下に封印されている形になっているのです。

ですから現在多くの求聞持法の本が世に出回っていますが、その中の一冊たりともまともに成就する法が書かれてあるものはありません。

つまり中途半端な行法しか皆さんは知らないということなのです。そうした本を読んで何度チャレンジしても失敗してしまうのは当たり前なのです。

しかもその失敗の致死率が異常に高いということに不安があります（致死率は９９・６％になります）。本来流れ上ここに求聞持法のすべてを書いて、チャレンジしようという皆さんに空海のような「超人」になっていただこうと思っていたのですが、どうもそれはかなり危険なことと判断しました。

やはりある程度宇宙全史の勉強をキチンとしておられる方たちなら大丈夫でしょうが、この本は最終的には一般書店にも出回る予定ですので少し慎重にならざるを得ないというところがあります。

そこでここでは大まかなことだけを書いておき、求聞持法の詳細は来年発行予定の非公開情報10で開示いたします（非公開情報9もまだ出ていませんが、それが出た後に出す予定です）。

さて空海は山での修行を始めて5、6年経った頃求聞持法を成就しています。

つまり彼が24、5歳の時に修めているのですが、24、5歳と明確でないのは求聞持法の性質によるものです（これも非公開情報10で確認してください）。

教わったのは名も無き行者でした（名のある僧だとする説もありますが間違いです）。

そしてこの求聞持法を修得した直後に陰始の誘惑にあっています。

陰始との闘い

空海が求聞持法を取得してすぐの頃、山中において頻繁に陰始の使い魔が人として、修行中あるいは夢の世界に訪れています。

山中で人として来る使い魔は当時は行者くらいしかいないのですが、行者にも二通りありまして、良い行者と悪い行者というのがいました。

空海は若い時から気合が入っている人でしたからこの悪い行者の誘惑をはねのけています。

それではその顛末をご覧ください。

閉じられた世界（超能力集団）

山中で出会った若いその男の容貌は崩れていました。

いきなり山中で出会ったら普通は肝をつぶしてしまうかもしれない姿をしていたのです。

人間ではありましたがちょっと気味が悪い感じで、雰囲気が爛《ただ》れたような趣をしていました。爛れたといいましてもかさぶたが出来たり腫れていたりというのではなく、顔全体が歪んでいるといいますか、異様に変形している感じが不気味に見えています。

それでも力は持っていて「自在力」はかなりのものでした。

例えば空海を50メートルくらいの高い木のてっぺんに飛ばしてしまうくらいは出来ました。その自在力を与えるからということを聞けと空海に迫っています。その男は空海から「約束」の取り付けが欲しかったようでした。


男は人里離れた山中の谷間にある川のそばのちょっと小高い土地の部落のような所に住んでいました。

その部落は特殊な人たちが住んでいるところで、一種の超能力集団とでもいいますか、行者部落のような所でした。

そこでは何代にもわたって無茶な修行や黒魔術に近いメソッドを続けるうちに特殊能力を得る人間が出来ていました。ただそうした無理、無茶を繰り返して血を濃くしていったため、力は得たのですが一種の業病のようなものにかかる者が多くなってしまっています。

部落を存続させるためたまに生命力が強そうで見目麗しいといいますか、好みの女性を他所からさらって来ていますが、自分たちの呪われた宿命を変えることは出来ていなかったようでした（さらわれてきた女性は一種の催眠をかけられており、自分が無くなってしまうような感じになっていて、生きるマシンと化しています・また彼らは人を洗脳することが非常にうまくて、さらわれて来た女性たちもその後何の問題もなく暮らしているのです）。

ほとんどの者が奇形や業病になっていたのは、一つには数十人の部落内で近親交配が重ねられていたということもありました。彼らの中ではそういう一般的な「禁忌」もあまり意味をなさないといいますか、禁忌とする意識もなかったのです。

しかし彼らも自分たちが行き詰っているのを薄々感じていました。

普通の人間から見るとものすごい力を持っている者たちなのですが、自分たちの行く末に飽きたといいますか、絶望と嫌悪感を抱いています。

このまま呪われた宿命と共にあればやがては滅びゆく者たちとしての運命は逃れられないと分かっていたのです。

襲ったその若い男は山中で空海を見たとき（求聞持法を取得した直後でしたから）空海が異常に輝いて見えていたのです。自分たちの境遇と見比べるとものすごく魅力的に見えました。

それがうらやましくもあり、まっとうなものにあこがれていた若者は空海に助けを求めたといってもいいかと思います（彼の心の中に「まっとうな力で助かりたかった」というのが見えます）。

自分だけではなく部落の呪われた宿命から逃れたいという思い、それを空海に求めようとしています。しかしその約束（契約）は空海の魂と自在力の交換ですから、空海は瞬時に看破しキッパリと断っています。

本当は空海に素直に助けてほしいと頼めばよかったのですが、男はそういうやり方、助けを求めるという単純な方法を知らなかったのです。

ですから空海に甘い誘惑としての交換条件を突き付け、それがだめだったら今度は脅しているのですが、空海はそれらをすべてはねのけていました。

例えば先ほど少し書いておきましたが50mの巨木のてっぺんに飛ばされています。そこはとても生身の人間では降りられないような場所で、空海はそこで3日3晩過ごします。

結局3日目にカラス天狗に降ろしてもらっています。

空海は入山してからはずっと天狗さんに見守ってもらっていました。だから木の上に飛ばされた時もすぐに頼めば天狗さんの眷属《けんぞく》であるカラス天狗に降ろしてもらえたのですが頼んでいません。

それでは何故3日間も木の上にいたのでしょうか。そこには空海のちょっと変わった人間性が見えるのですが、それはまたあとでまとめてお話しします。

他にも空海は2度崖から落とされています。

これは幻覚に惑わされて足を踏み外しているのですが、結構危なくて2度とも気絶してしまい、やがて自分で気づいてそのまま這い上がっています。

男は空海を殺す気はありませんでしたが、空海の守りも強くてほぼ無傷で済んでいます。

そこまですれば空海もビビッてなびくかと思っていましたが、ビクともしないので諦めています。

さてこの超能力といいますか自在力を使う若い男ですが、彼らは部落全体で力を結集すればたちまち天下が取れるような気がしますが、そのあたりはどうだったのでしょうか。

実際力を合わせてやれば出来ないこともない位の能力はあったのですが、それはやっていません。

世に出るには自分たちの容貌にかなりのコンプレックスを持っていたということもありましたが、それほどの力があるのなら容貌など変えられると思うのですが、どうもそういうことは「はなから無理」と信じ込んでいます。

何か縛りがあったようで、彼らを閉じ込める大きな結界がそこにあったのです。

天皇の闇

空海を襲った不気味な若い男の住む部落は、瘴気《しょうき》の湧く土地にありました。

すでに書きましたように彼らは黒魔術的なメソッドを代々繰り返し、禁忌である近親相姦を当たり前のように常習化し、血を濃くしていくことで特殊な能力を手に入れていました。

しかしその異様な風貌や奇形の原因はそれだけではなかったのです。

土地の発する瘴気は負のエネルギーで彼らの能力を一層強くし、身も心も変形させ、彼らをそこに閉じ込めもしていたのです。


そういう習慣に嫌気がさしているのなら、何故彼らは他に移って住まなかったのでしょうか。

それを強いていたのは「掟」でした。

大きくは「許されない」という掟であり、彼らの狭いコミュニティでないとその力が発揮出来ないという縛りがあったのです。

彼らは作られた集団でした。

彼らを作ったのはもっと大きな力を持った陰始グループで、表向きは天皇に仕える力を持った者たちでした。

その陰始グループは自分たちでも敵対する者や邪魔者を呪い殺すということはしていますが、もっと具体的な力が必要な時には呪いの村の者たちを使役しています。その土地の瘴気も彼らが無理やり集めていたのでした。

陰始といえば２０１２年に抜けた日本の陰糸（女性）がいましたが（宇宙全史別巻「20年後世界人口は半分になる」参照）、ここで呪いの村を支配していた陰糸もその日本の陰糸だったのでしょうか。

調べてみますとここで陰始に関する新しい情報が出て来ています。

当時の桓武天皇に仕えていた陰糸は２０１２年に足抜けした陰糸ではなかったのです。また別な者で、この時すでに結構なお婆さんで、３００年近く生きています。

しかし２０１２年に抜けた陰糸は弥生時代あたりから日本のトップだったはずです。

どうも陰糸勢力にはいくつかの派閥があり、日本を支配するといいますか、力を大きく行使できるのはその時代時代によって変わっていたようでした。

２０１２年に足抜けした陰糸はその時たまたま日本で一番力を持っていた時に抜けたから「日本のトップの陰糸」というタイトルを持っていましたが、実際は時と共にその勢力図は変遷していたようです。

その後しばらくして呪いの村は自然消滅しています。

原因は血が濃くなり過ぎて、どうにもならない奇形しか生まれてこなくなったということがありました。女性は他からさらって来ていますが、土地の瘴気の影響もあり行き詰ってしまっています。

しかし土地の力といいますか、土地そのもののエネルギーが回復するにつれ、土地の瘴気が消えていきます。

その時期に呪いの村も消滅していったのです。

瘴気というマイナスのエネルギーは力になるのですが、プラスでもマイナスのエネルギーでも変換する力というのは選択出来るのです。

ただマイナスのエネルギーというのはどうも長続きしないようです。

プラスのエネルギーは私たち生物にとって永久発電装置のようなものがあり、再利用しやすいのだそうです。

それに比べてマイナスのエネルギーは強くドンっと出るのですが、そんなに長くはもたないのです。

ただ共に作れないわけではないですし、必要なので生み出すことは許されています。

空海の正体

山中で修行中に異形の男に襲われて、その自在力で50ｍという高い木の上に飛ばされて、そのまま降りて来られずに三日間樹上にいます。

もちろん生身の人間では到底降りることはかなわない状況でしたが、空海は天狗さんと仲が良く「降ろして」と一言頼めばすぐに降りることは出来たのです。

それをせずに昼も夜も三日間木の上で何をしていたのでしょうか。

実は空海は木の上でウジウジ色々考えています。

ウジウジといったのはちょっと失礼でしたが、本当に色んなことを考えています。自虐ということでもないのですが「何でこうなったのか」というような問答を自分の中で延々考え「どうしたらいいのか」とか、初めのうちはそういうことでしたが、その内他にもこれまで学んだ色んな経典のこととか、とにかく常人ではついていけないような様々な内容を頭の中で交錯させて猛烈に考えています。

　それでやっと三日目になって自分でも何か納得できたのでしょうか、天狗さんに自ら頼んで「降ろして」といっています。


　空海はものすごい「反省魔」とでもいうのでしょうか、実際にウジウジしているわけではないのですが、向上心がものすごくその反動で「反省」「修正」を自分に関することはこと細かくしています。

　そして納得が出来たらすぐに忘れるといいますか、五井先生の「消えていく姿」ではないのですが、そんな感じでサッパリとしています。

　この時（襲われたとき）すでに空海は求聞持法を会得していましたが、求聞持法というのは一種のシステムですから、たとえ完全成就したとしてもその後どこまで求聞持法を進化させるか…といいますか、使いこなすかというところが難しいのです。

　例えば求聞持法をパソコンに例えますと、平安時代にパソコンというスーパーアイテムを手に入れたわけです。記憶力や演算力、視野の広がりや様々なメソッドの取得が容易に出来てしまいますから、同時代の人たちと比較したらスーパーマンになってしまったようです（もちろん求聞持法はパソコンなどとは比較にならないものですが）。しかしそのパソコン（求聞持法）をどう使うか、いかに生かしていくかはその後の空海次第なのです。

　ですから不気味な男に襲われた時でも、普通ならすでに頭脳は超明晰になり、ある程度の自在力も手に入れていますし、天狗さんも味方に付いているわけですから、もっと丁々発矢《ちょうちょうはっし》と渡りあえばいいと思うのですが、空海はそういうことはしないで「私のどこが悪かったのか」「もっと何かいい方法はなかったのか」

「まだ心がぶれているから木の上に飛ばされている」というような自責の念でもないのですが反省をしきりにしています。

そしてそこからきちんと結論を出していて、それをその後の自分の生き方に反映させています。

つまり「事件」→「反省」→「フィードバック」→「段階が上がる」というサイクルシステムが自ずと彼の中にあるのです。

そういうことをずっとやっていますから、空海の中で求聞持法は時と共に醸《かも》され、発酵し、やがて偉大な力（神通力）に変質していきます。

さてそろそろここで空海の正体を明らかにしておこうと思います。

あそこまで特殊な業績を残した方はやはり特殊な出身でした。

出身はアルデバラン方面から来ておられますが、すでに地球に溶け込んでしまっておられて、一種の地球原人のような感じになってしまわれています。

しかし通常の地球原人の天然系とは対極にあるような方で、亜流といいますか突然変異的な地球原人と思えばいいかもしれません。

本来仏陀や五井先生は地球生命の大集合魂に溶け込むことを望まれていますが、それをさっさとやってしまったのが空海でした。

ただ通常は地球という巨大な魂に溶け込んでしまうとその魂や個性は一瞬で吸収され地球そのものになってしまうのですが、大きなエネルギーを持つ空海はその中で自由性を保持したまま衆生と関わっています。

空海という存在を見ていますとまず感じるのが「やさしい」ということです。

とにかく若い時から「人を救いたい」「（人の）苦しみを除きたい」という思いが強く、それがずっとぶれていません。

空海は835年3月21日に高野山の奥の院で入定しています。

その前に彼は病にかかっていますが、その病も衆生の業を背負っての病でした。

現在空海の遺体がどうなっているのかは高野山の一部の僧侶の方しかご存じないのでしょう。

伝説では空海は生身のままで奥の院にあり、そのため今でも毎日担当の僧侶が食事を運んでいるという日常行事がありますが、実際は空海はミイラになっています。

本来空海ほどの境涯に達していますと、肉の身を持ったままあの世といいますか、想念界に帰っていくのですが空海はあえてそうはしていません。

地上界との関わりを自らの肉を残すことで深いきずなとして刻んでいます。

私もやがて地上を去っていくのですが、その時は肉体もエネルギー化してその全体性を保持したままこの宇宙を離れていくことになっていますが、空海や五井先生、植芝先生もそうですが皆さんあえてそういうことはしないで、何らかの痕跡を残すことで慈悲の波動を濃く深く浸透させようとしておられます。

月読之大神のお言葉です

「偉いね…この人たちは」

（この人たちとは仏陀、五井先生、空海のことです）

「つらいのに苦しいのに、そういうものをキチンと自分で引き受けるというそういう皆さんだね」

第24章　ブルース・リー

映画俳優、プロデューサー、武術家
生没年：１９４０〜１９７３
出身地：香港（中国／出生はサンフランシスコ）

香港で幼少期から俳優として活躍するとともに詠春拳の稽古に励む

１９５９年に父の命で単身渡米するとワシントン大学の哲学科に入学（１９６１年）、道場経営にも勤しみ「截拳道」を創始した

その後『グリーン・ホーネット』の準主役に抜擢された頃から徐々に知名度が上がり映画会社「ゴールデン・ハーベスト」と契約、主演映画『ドラゴン危機一発』『ドラゴン怒りの鉄拳』『ドラゴンへの道』が立て続けに大ヒットし一躍有名人となるも次作『死亡遊戯』で共演予定の女優丁珮の自宅で頭痛を訴え病院に搬送、そのまま死亡が確認された（死因は脳浮腫とされる）

ご存じのように「燃えよドラゴン」の世界的ヒットを目前にして突然亡くなったブルース・リーですが、その死因については様々いわれていますが、本当のところはどうだったのでしょうか。

死因

直接的な死因はいくつかの複合要素が重なっています。

① 彼は修業時代から体全体に衝撃を与えるような修練をしていたため、頭部にもその影響が積み重なるように残っている。いわばパンチドランカーに似た症状が出ていて、脳が豆腐のような感じでブヨブヨになっています。そのため普段はいつもボーっとしていて鬱っぽく、暗い感じでいるのが普通でした

② 麻薬をやっていたわけではなく、日頃の①の症状を軽減するため漢方のゴマ汁（麻の実をゴリゴリすって絞ったもの・一種のマリファナ）を常備薬のように飲んでいました。これは日頃の不安や頭の痛みをおさえるのと、頭の混乱と、ボーっとしているのを何とかしようと服用しています

この①と②の複合作用により、ちょっと強い薬をやって迷い込んでしまったような症状になり、そのまま亡くなっています。

今彼は幽冥界にいますが、どうしているのでしょうか。

ジャージのようなものを着て一人ぼっちでぼんやりしています。

自分の世界に入ってしまっていて周囲を見る目がありません。

月読之大神もこの機会に「どうよ」って話しかけられていますが、まったく反応なしです。

どうも自分の中で映画を撮り続けているようなのです。

生前色んなアイデアがあり「あれもやりたい」「これもやりたい」というのをシミュレーションといいますか、想念の中でやっています。

本当はハリウッドやヨーロッパにも進出したかったようですが…

●（虚空蔵55）
あなたの作った「燃えよドラゴン」はものすごい世界的なヒットになりましたよ

リー
「世界で？」

●そう世界で

リー
（すごく疑いの眼でこちらを見る）

月読之大神
「心を開いてご覧」
「そうしたらほんとのことが見えるから」
リー
「いやだ」
どうもこちらを信用していない感じなので、ユーチューブにあるブルース・リーのヒット作の様子を見せてあげました。
すると、
リー
（ニヤッと笑う）
●だからいつまでも閉じこもってないで世界はあなたを必要としているのだから出て来たらどう
そうすると段々暗いところから薄い闇のような場所に彼が移動している感じがしますが、彼の周囲には卵のような薄膜が張られてあり、それが邪魔して外の世界と自由な交流が出来ません。

そしてそこから「出る」とはいいません。

いきなりは無理かもしれませんが、それでも真っ暗な空間からグレーの世界には入って来ています。

リーの守護霊様たちは何をやっているのかと見てみますと、二人が何かどっしりと構えています。ただ見ているだけで「向こうから来い」「卵は内側から割れ」というスパルタっぽい雰囲気を出しています。

ただここまで来るとあとは薄膜だけですので、それを破るのは早いと思われます。

本当の死因

陰糸により生贄《いけにえ》の代役になってしまっています。

本来死ぬべき人の代わりに生贄にされています。

リーが亡くなったことで同情や賞賛が世界中から集まっています。そのエネルギーは陰始にとっては大きなものでした。

それでは本来死ぬべき人とは誰だったのでしょうか。

それはリーの周りにいた人で俳優仲間でありプロデューサーもしていた人でした。元々俳優をしていたのですが、芽が出なくてプロデューサーに転身したという感じで、人種を調べますと「華僑《かきょう》」と出ます。

中国人でも香港人でもなく「華僑」と出るのでよく分かりませんが、そのままにしておきます。

プロデューサーはリーが亡くなるとその才能と生命力を引き継ぎ、優れた仕事をしていきます。

陰始はリーよりもプロデューサーの方が操れるからそちらを選択しているのです。本来リーの生命力・魅力は陰始の攻撃をチェンジしてしまうくらいの力はあったのですが、リーが弱っているタイミングでつけ込まれてしまったのです。

２０１５年12月22日が冬至になります。

おそらくこの日を境にブルース・リーは薄膜を破り、外の世界に出て来るかもしれません。

そして彼は新しい地球に残ることをおそらく選択すると思われます。

第25章　聖徳太子

飛鳥時代の政治家、「厩戸皇子《うまやどのおうじ》」
生没年：574～622
出身地：不詳（日本）

橘豊日皇子（のちの用明天皇）と穴穂部間人皇女との間に生まれる

幼少期から仏教に傾倒し、崇仏派で血縁関係にあった蘇我馬子と協力して排仏派の物部守屋を殺害、その領地に「斑鳩宮」を造営し移り住んだ（605年）

その後も推古天皇の摂政として政治に関わり「冠位十二階」「十七条の憲法」を制定、天皇集権を進める一方で遣隋使を派遣し大陸との交流にも努めた

あらず

聖徳太子は一般的にもわりと謎に包まれた人物のようですが、霊的にも謎の多いキャラでした。今回の本で収録する随分前にも気になった方なので、少し調べていたのですが不可解な部分が多くてそのまま保留になっていた方です。

まず通常の人間のように地上に出て来る過程でのセオリーをあまり重視しないといいますか、ある程度は順守するのですがかなりイレギュラーな有り様を呈しておられます。

つまり通常の人間のように昔どこそこの星にいて、そこでの有り様が良かった（あるいは悪かった）ので地球に来て指導（修行）する立場にある…というような形ではなく、ある意味私（遊撃手）と似た形で出て来ておられる方です。

ですから聖徳太子は地球に残るのでしょうかとお尋ねしてもまず降りてきたお言葉が「残る」「残らない」ではなく「あらず」でした。

そのカテゴリーにはないということなのでしょう。

それでは彼はどこから来た方なのでしょうか。

精霊という言葉がありますが、私たちは「精霊」と聞くと、たいがいは自然のカテゴリーにおける物を想像します。

例えば木の精霊や水の精霊、花の精霊などですが、適当な地球言語がないので一応精霊とはいいますが、聖徳太子も一種の精霊でした。

しかし通常の精霊ではなく、この地球を超え、銀河も超えた宇宙全体の精霊といったらいいでしょうか…そういう形の有り様をお持ちでした。

ですから普通に地球に来るときは集合魂など存在しませんから、「とりあえずの」集合魂というのを模擬的に造って、そこから地上に降りて来ておられます。なので彼が地上を離れた後はその集合魂は跡形もなく霧散しています。

やはりどんな存在であっても人間として地上に降りて来るときは一旦集合魂というものを阿頼耶識界《あらやしきかい》（6次元）に造って、通過地点としてそこを通して顕現するというセオリーは外せないようです。


それでは何ゆえに聖徳太子は地上に降りて来られたのでしょうか。

そこには、

「インパクト」


というお言葉が出ています。

「衝撃」「打撃」という意味なんでしょうが、歴史の様々なポイントでカンフル剤的なインパクトを与えたいときに出現されているようです。

遊撃手も似たようなものですが、私はもう少し自由な存在であまり「なければならない」という縛りはないようです。

そういう意味でも聖徳太子は遊撃手よりはこのオーム宇宙寄りの存在で、有り様としては皆さんには親しみやすい存在でしょう。

仲間

変わった種族のようなのでこれまでの歴史上どのようなお仲間が出て来ておられるのか調べてみましたが「幾人かいる」というだけで明確なお答えが降りて来ていません。

どうも「いう必要もないし、いう気もない」といういやな雰囲気をひしひしと感じますが、そこは宇宙全史ですからネチネチとお聞きしています。

名前はわからないのですがわりと古い方で、ロシア、モンゴル、アラル海に出ていて、書物には残っておらず、ローカルな伝承では伝わっているという方もおられるようですが、ローカルな伝承では確認のしようもありません。

新しいところではインドの覚醒した行者がいるようですが、これも「いう必要もなし」「いう気もなし」で見当がつきません。

この行者は地上界にインパクトを与えるというよりは精神世界にショックをもたらすという意味で出て来ておられるようでした。

オーム宇宙の命令系統

聖徳太子の大元はこの宇宙における大自然の精霊のようなものだと書きました。

その精霊たちはオーム宇宙の近辺で「巣」のような基地を持って本来そこに定住しています。

そこはこの宇宙の最終実験星である地球とつながっていて、いつどこへでも出現できるようなっています。

出動するときはＪＵＭＵやＵＭＵからの命令で出て来るわけではなく、もっと上の要請といいますか会議のようなもので決めて出て来ています。

そのあたりもあまり明確に教えてはもらえず、銀河団よりももっと上ということくらいしかわかりません。

どちらかといいますと割合「自分本位」といいますか、自分たちのやりたいことが明確に出ている方たちだという事がいえるようです。

私（遊撃手）たちは地上に出るときは必ず枠があり、何かしらの殻に閉じ込められて出なければならないようになっています。その殻がどこかの集合魂のカルマであったり、人類そのもののカルマであったりはするのですが、そういう枷《かせ》のようなものをまとって出てこなければならないようです。

そこは何故なのかお聞きしますと、

「エネルギーの差だね」

ということでした。

以前聖徳太子を収録した時に私語になりましたので書いておかなかったのですが、お互いがぼやくことがありました。

聖徳太子
「あなたはいいね」
「こっちは（分からんちんばかりで）ひどかったんだよ」
●（私）
「いやいやそうでもないですよ」

確かに聖徳太子もご苦労されたでしょうが、終末期の地球も中々のものなんですよというようなやり取りがありました。

月読之大神
「まぁ、ぼやくことぐらい許してあげるわ」

「ただね、ぼやいて停滞してしまうこと、そこで後ずさりしてしまうことはこちらとしては望んでないね」

ちゃんとくぎを刺された私達でした（私だけか）。

予言の書

聖徳太子が予言の書のようなものを書いていたのではないかという噂が飛び交っていますが、そのあたりを確認してみました。

月読之大神
「ない」

どうもそういうものはないようですが、彼が生前「近い将来こうなるよ」とか「あそこはやがてこうなってしまうね」くらいのことは頻繁にいっていたようです。

それも小さいころから「あの人は死ぬ」「病気だけど大丈夫」とかいっていますから、知る人は結構知っていたようですし、噂にもなっていました。

しかし「平安時代が終わる」とか「江戸幕府が出来る」「明治政府が出来る」などという大きな歴史的なことには全く言及していません。

せいぜい「大きな都が出来る」「京都に都が出来る」という平安時代初期あたりまでのことはいっていました。

結局聖徳太子の「未来記」らしきものは存在せず、色々文献にあるものを都合のいいように適当にまとめたものがそういう形になっているようです。

しかし実際に近未来のことではありますが、彼は予言的なことは周囲に語っていたことは確かでした。

それは一種の巫女的行為になりますから、その場合陰始に利用されるということがなかったのでしょうか。

そこを検証してみました。

聖徳太子と陰始

聖徳太子の場合は仏教を普及するのに勤めていました。

そこを陰始に利用されています。

つまり宗教としての仏教という集客作用をエネルギー収奪に利用されているのです。

しかし確かに仏教は（仏教だけではないのですが）陰始に利用されましたが、人々にとってたとえ陰始にエネルギーをとられても、仏教という高度な教えがあったことは人間として良かったのではないのでしょうか。

月読之大神
「仏教はあっていいと思うのよ」
「でもその仏教を利用して」
●とるのは陰始の勝手ですが…

「エネルギーがきちんと自分に還流するっていう意味なら100パーセント良かったと思うよ」

「そうね」

「私から見るとまぁ取られて可哀そうかなっていう感じの思いをする」

●そうなんですか

「効率悪い」

「遅れたじゃない」

「そのせいでさ」

●でも陰始を地球に呼び込んだのは月読之大神ですよね

「私は呼び込んだりしてない」

●でも許可はしていますよね

「許可したのはそう」

「でも呼び込んではいないんだよ」

「黙認した」

「で、ここまで効率が悪いとは思わなかった」

（月読之大神でも予測が狂うということがあるのでしょうか。
そこでさらに質問をしてみました）

月読之大神
「経過を見ているだけ」

「ただ予測というか」

「まぁ私達にも希望はあるからさ」

●希望とは何でしょうか

「こうなったらもっと効率いいだろうな」

「もっと短いだろうな…とかね」

●月読之大神レベルでも未来は定まっていないんでしょうか

「完璧に定まっているわけではない」

●その不確定要素っていうのは何でしょうか

「不確定要素があなた達の産み出すエネルギーではあるよ」

●私たちの産み出すエネルギー…

「《ゆらぎ》っていうことかな」

●ゆらぎっていうのは不確定要素なのでしょうか

「不確定要素だね」

●それは月読之大神にとっての不確定要素なのでしょうか

「そうね」

●もっと上の存在にとっては不確定要素ではないのでは?

「ゆらぎでさえ不確定要素ではない」

「まぁあなた達が言う《計画》だね」

●でも計画という言葉の中には…何ていうんだろう…不確定要素が含まれていますよね

「そうね」

●不確定要素がないものっていうのはあるのでしょうか

「この宇宙ではない」

●この宇宙では…もっと上の方では

「割と上の方でもそれは存在してる」

「むしろ存在《させてる》っていう感じかな」

●させているものは何でしょう

「そのまた上」

●また、前の問答になっちゃいますね…これはまたこのあたりで打ち止めにしておきます

私と月読之大神との問答では常に行き止まりになってしまうテーマがあります。

それはひとえに私の境涯がつまらないところに留まっているためですが、それでもそこから深遠を垣間見る試みはいつも続けています。

第26章 レオナルド・ダ・ヴィンチ

芸術家、「万能の天才」
生没年：１４５２～１５１９
出身地：フィレンツェ共和国（現在のイタリア）

14歳の時にフィレンツェの有名画家ヴェロッキオに弟子入り、芸術のみならず設計、化学など幅広く研鑽を積むが作品が思ったように評価されずにミラノへ移住する（30歳頃）

その後ミラノ公（ルドヴィーゴ・スフォルツァ）の庇護のもとで芸術家としてのほか軍事技術者、音楽家などとしても多彩に活躍するもやがて第二次イタリア戦争が勃発（１４９９年）、フランス軍がミラノに侵攻してきた為に拠点をヴェネツィア→チェゼーナ→フィレンツェと移す生活を強いられる（ミラノに戻れたのは１５０６年のこと）

１５１６年にパトロンのフランソワ1世の居城の側に邸宅（「クルーの館」）を与えられ、そこを終の棲家とした

作品──『受胎告知』『最後の晩餐』『モナ・リザ』『洗礼者聖ヨハネ』など

これからの地球のキーパーソン

ダヴィンチはすでに速やかに集合魂に戻ってそのバックアップをしていますが、地球に残りたいとも思っています。もちろん集合魂の意向も「残りたい」なのですが、それでもこのダヴィンチという意識（魂）は集合魂に埋没しないで「自分が再出動したい」と非常に強く思っています。

（ピカソの章で書きましたが、おそらくダヴィンチもピカソのようにアーティストの集合魂状態になっていて、強力なエネルギー場を有しているため、個としての魂を永続させているのだと思います）

とにかく、

「もっと創造したい」

「もっとやりたい」

「もっともっと」

という感じで前へ前へという意欲、生きたい力、地上に出て行って生きたいという力がすごく旺盛です。

本来出たばかりなので集合魂の中での順番待ちというのがあるのですが、それがもう待てない、今これからの地球にどうしても出たいとうずうずしています。

確かにこれからの20年間は彼が出てきたら活躍する場はいくらでもあるでしょう。

そしてどうやらこれからの移行期に必要なものを人類にもたらすため、彼は本当に出て来るようです。

彼が出てきたら一番やりたいことは何でしょうか。

５００年前に生きていた時、芸術はもちろん科学、数学、土木、建築、工学、医学、兵器とあらゆるジャンルにわたって当時としては突出した力を見せつけていた人です。それが今の世に出て来て、まずやりたいことは何なのでしょうか。


「科学」

「科学と自然の融合」


そうおっしゃっています。

おそらく感じではエネルギー的なことをやりたがっているようです。地球移行期の動乱の20年で私たちが最も困ることはエネルギー供給がなくなることです。

地面が陥没し、火山が噴火し、地震であちこちが地割れした時、交通手段、輸送手段は寸断してしまいますから、通常の車のようなものはもう使用できなくなってきます。

いつかはるか未来にはＵＦＯのような乗り物が重力制御で飛び交うこともあるかとは想像していましたが、そういうＳＦ的な乗り物がもう近い将来に実現してくるようです。それは空も海も陸上もどんなに荒れていてもスイスイ飛びますから、今からは想像も出来ないような便利なものになりそうです。

ただそれを動かす動力が問題で、そのエネルギーと動力機関などをたぶんダヴィンチが生み出すのではないかと推測しています。

世界の崩壊に先立ちまして、まず日本から壊滅が起こり始めることはすでに「20年後…」の本で書いておきました。

そしてその瓦解した日本の中から多くの新たな発明や工業、文化が勃興してきます。それではその中にダヴィンチはいるのでしょうか。

ダヴィンチはこの世に再誕したのなら当時は色々制限のあった芸術活動を思う存分好きなだけ地上に展開したいのではと思ってしまいますが、どうも今回はそうではないようでした。

当時もそうですがあれだけの芸術作品を残しておいて、あれは「たしなみ」程度のものだったようです。

ですから今回も出て来てたぶん絵も描くこともあると思うのですが、それもおそらく彼にとっては「たしなみ」程度のものになるようです…が、私たちにとってはそれなりにすごい芸術作品ということになるのでしょうか。

ヴォイニッチ手稿

以前宇宙全史のネット上にある質疑応答のBBSで「ヴォイニッチ手稿」について質問がありました。

その時は他が忙しくて保留にしていましたが、ダヴィンチの出所について調べているうちにどうしてもこのヴォイニッチ手稿と交わる必要が出て来ていますので、ここでこの奇書について調べました。

ご存知かもしれませんが簡単に説明しておきますと、ヴォイニッチ手稿とは1912年にイタリアでヴォイニッチ（アメリカ人）という人により発見され、解読のできない文字と不思議な絵で構成された直筆の羊皮紙で出来た手作り本です。

このヴォイニッチ手稿につきましてはネット上で検索しますと内容はほとんど見られますので、そちらで確認してみてください。

これまで多くの研究者がこの本を解読しようとして来ていますが、正確な解読は全くなされていません。

それにはわけがあるのですが、その詳細をこれから解読していくことにします。

手稿はどこで作られたのか

この本の由来は現在全く不明で、様々な説がありますがすべて間違った推測から来ているものになります。

まずヴォイニッチ手稿が作られた場所を特定していきます。

そこはイタリアとクロアチア（あるいはボツニア・ヘルツェゴビナ）の間にあるアドリア海に浮かぶラストボ島という周囲35キロ程の小さな島でした。

イタリアはよく長靴に例えられますが、ちょうど長靴のふくらはぎの中間地点の沖合にある島です。

さびれた漁村が点在するくらいで、多少の畑や牧畜はありましたが、人口が200人足らずの僻地の島でした。

そんな所でどうしてこのヴォイニッチ手稿が書かれたのでしょうか。
いま「書かれた」と書きましたら、

「編纂《へんさん》だね」

と修正がありました。

どうも一人でやっていたのではなく、複数の人間が関わっていたようです。

メインは1人でしたが、常時2人くらいで、たまに増えて3人という具合でやっています。

時は16世紀の後半でしたから、イタリアのローマやフィレンツェなどという大都会なら黒魔術とか悪魔崇拝、もう少しまともな錬金術等々、精神世界系の土壌はありました（手稿に使用されている羊皮紙の炭素年代測定で15世紀の前半という結果もありますが、羊皮紙は古くても、手稿自体が作られたのは１５００年代の後半です）。

しかし地図で見つけるのも困難なアドリア海に浮かぶ小さな島で、細々と漁業やヤギを飼っているくらいの村でどうしてこのようなレベルのものが作られたのでしょうか。

誰が作ったのか

ヴォイニッチ手稿には奇妙な文字と共に多くのイラストが描かれています。
その絵はかなり達者な人が描いたもので、半分プロ並みの絵になっています（しかも元々相当才能のある

ヴォイニッチ手稿で目を引くのが湯あみをしているようなこの女性群です。これは文章中にありますように、実際にこういう小人のような女性たちが存在していて、様々な用途で植物人間が使用しています

人の絵です）。

ですからおそらくどこかで絵を学んだ経験がある人だと思われますが、こんな辺鄙《へんぴ》な小さな島ではそれには無理がある感じです。


ヴォイニッチ手稿を書いた人はフーリョ（ＦＵＬＶＩＯ）という名のイタリア人で、元々はイタリア本土に住んでいました。

イタリアではわりとあちこち転々としていますが、主にボローニャやサンマリノを拠点として活動していました。

風貌はインテリっぽい感じですが、商人、役人、学生風というちょっととらえどころのない雰囲気も持っています。

元々は学生で助教授の秘書のようなことをやっていました。

足が軽いので助教授は重宝していたのですが、手も軽くて女癖が悪く、助教授の上の厳格な教授に嫌われクビになっています。

当時はみんなそんな感じでしたから仕方がないといえば仕方がなかったのですが、いかんせん教授の頭が固すぎました。


そこから食いっぱぐれてしまい色んなことをやっています。

今風にいいますと「何でもやります」的な便利屋をやっていましたが、当時オカルトっぽいことが流行っていましたので、そういう方面にも色々関わっていくようになっています。

そんな中、招霊会といいますか交霊会で「亡くなった人に会おう」みたいなイベントがあちこちで開催されていました。そこに彼も関わることになるのですが、それがまともなものではなく、詐欺まがいのイベントだったのです。

つまり詐欺の片棒を担がされたというわけですが、結局それがばれて逃げ出しています（実はこの時も女性に手を出していました）。

それまでにちまちまと小金はためていたので、悪仲間の伝《つて》をたどりサンマリノから船に乗り、ラストボ島に渡っています。

こういう島にはまともな村人もいますが、海賊や逃亡者たちもいて、紛れ込むにはちょうどいい場所だったのです。またそういうところでは警察も中々手が出せないという事がありました。

この時彼は26歳という若さでしたが、とりあえずほとぼりが冷めるまでは島にいようと決めています。

島では村人から使っていない小さな小屋を借りて住み、食事や身の回りの世話は、近所のおばさんや娘さんにお金を渡してやってもらっています。

島に住みだしてしばらくすると彼に変化が起こります。

初めは夜寝ているときに奇妙な夢を見るという程度でしたが、それが次第に起きていても目の前に展開するという事態になっていきます。

そしてさらにそれが進行していき、単純に「見える」というところから、その世界を感じるという感覚に入っていっています。

これは彼の境涯がこのラストボ島という場所の地場に合致したという事があり、そこで突然インスピレーションのようなものがどんどん湧いて出て来ているのです。

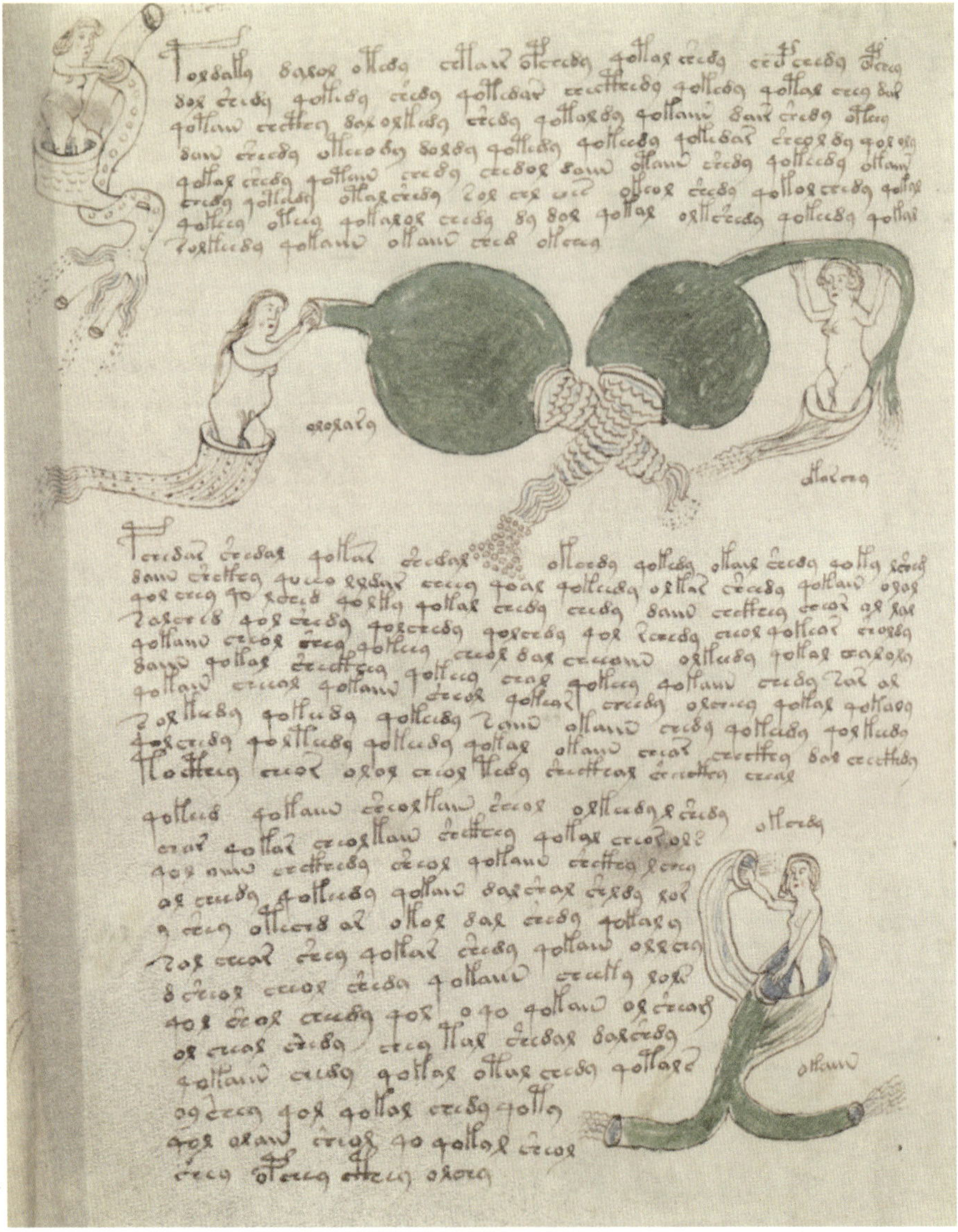

小人の女性には主に２種類の用途があり、観賞用と（奴隷ではないのですが）使役用の女性たちがあります。使役用の女性たちは食事を作ったり、掃除をしたり、作物を作ったりもしています。ここに描かれているのは働く女性小人です

一見地球上のどこにでもあるような植物も手稿のなかにはあります。この世界が私たちの世界に近いため相関的な形態も存在しています

その内自動書記のようなものも始まって、絵心がありましたから浮かんだイメージを絵に描いています。元々彼はそういうオカルトっぽいものが好きでしたから、それが自分の身に突然降りかかって来たものですから驚きますが、とりあえずそこらにあった紙（羊皮紙）に書きとめています。

その時彼はイタリア本土と全く断絶していたというわけではなく、イタリア本土から手紙や生活必需品を運んでくる業者のような人間が何人かいました。

その情報網を頼って、昔の仲間たちに「俺にこんなことが起こっているのだがどうしたものだろうか」と伝えています。

それを聞いた仲間も面白がって島に渡って来ています。

彼らは詐欺師みたいなこともしていましたから、逆に「これは本物だ」と直感しています。

そこからお金持ちの好事家《こうずか》（パトロン）を呼んでいます。

それを見て「面白い」となり、「もっと見せて」「もっと欲しい」となり、「これじゃあダメで、ちゃんとした本にして残そう」ということになっています。

そこで結構なお金をもらい、本格的に書き散らした紙をまとめ、更に精力的に書き続けていきます。

この情報は伝をたどって最終的にボヘミア王のルドルフ2世にまで届き、王が600ダカット（金貨）でヴォイニッチ手稿を買い取っています。

（現在1ダカット金貨の取引価格は約1万4千円程ですから、単純に計算して840万円位になります・ただしこれは目安で当時の実勢価値とは少し離れています）

この時あたりから一人で書くというのではなく、一人はイタリアから来た仲間でフーリョの雑用をしたり、フーリョが書いたものについて話し合ったりしています。もう一人は島の人間で絵心があり、アシスタントをやっています。絵を描くというのではなく、フーリョが描いた絵に色を付けるという作業をアシスタント的にやっています。まるで現代の漫画家のアシスタントのようです。

こうして量産されたヴォイニッチ手稿は、すべてそのままの状態で本にまとめられています。清書とかはしておらず、草稿のままという感じで、手で簡単に本の状態にしたものですから、手稿というカテゴリーに入るのでしょう。

2冊あったヴォイニッチ手稿

このヴォイニッチ手稿といわれるものは実は2冊あり、現在見つかっているもの以外にもう1冊あるはずです。

その1冊は発見されているものよりも小さく、内容は同じようなものですが、もっと大雑把でページ数も少なく、薄いものでした。

それが最初に書かれたもので、それからさらに今発見されているものを詳しく2、3人がかりで編纂しています。

この最初に書かれた小冊子は朽ち果ててはいず、いずれどこかから見つかるかもしれません。

作者のその後

さてこの手稿の作者フーリョはその後どうなったのでしょうか。

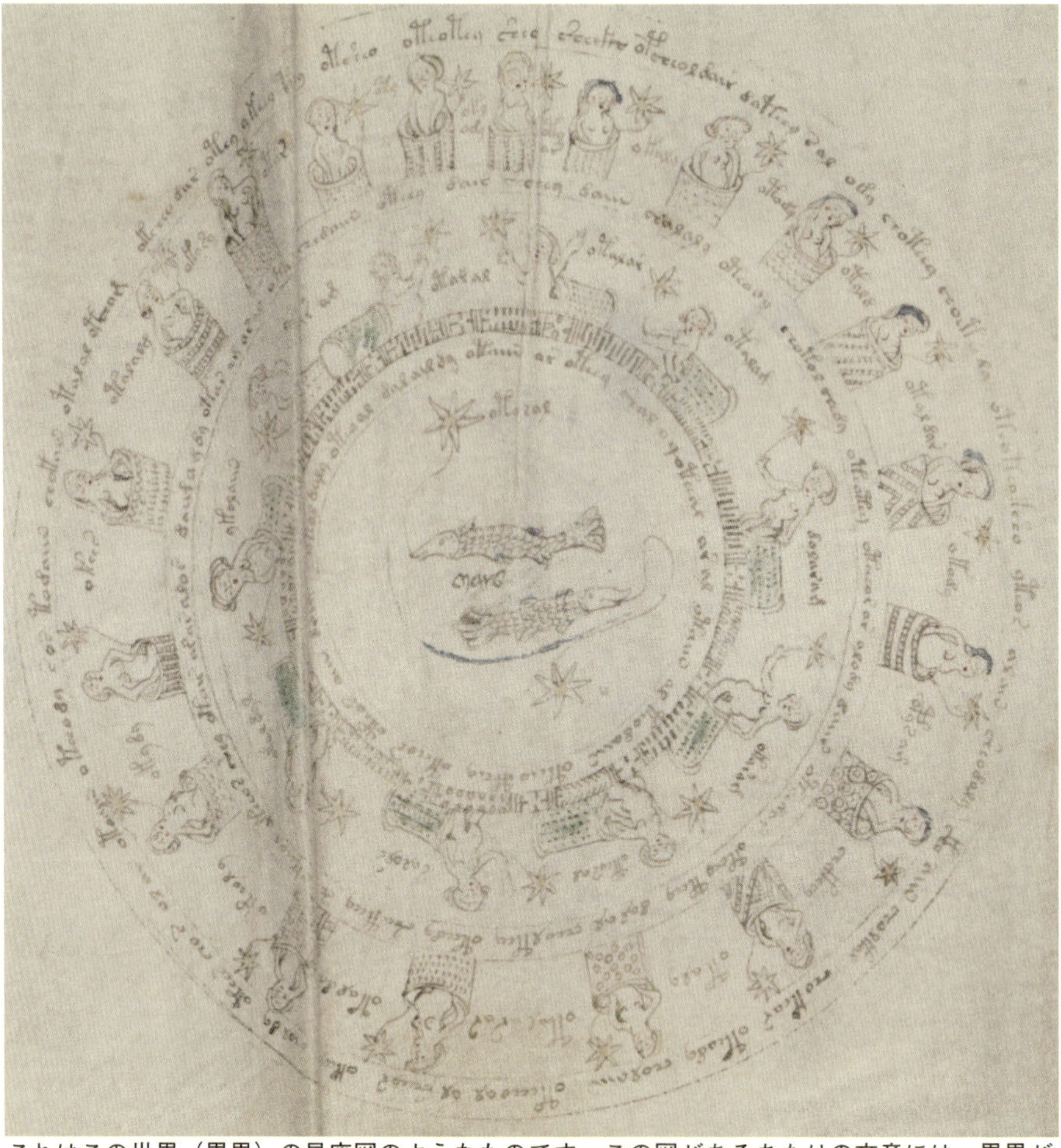

これはこの世界（異界）の星座図のようなものです。この図があるあたりの文章には、異界がどのようにして創られたかという天地創造の物語が書かれています。なお星座に小人の女性たちが描かれているのは、この時代流行っていたといいますか、何かにつけてこの世界ではトレンドだったようです

最終的には気が狂ってしまっています。

実はヴィイニッチ手稿を制作していた時、彼にはものすごい高揚感がありました。そういうものが好きでしたし、自分がそういう世界の出来事の中心にいるという事が彼を夢中にさせていました。

しかし2冊目の手稿を書いた直後、始まった時と同じようにフーリョにそのインスピレーションが降りて来なくなったのです。

これは彼にとってショックでした。

いつまでも不思議な世界とのコンタクトが続くと思っていたのに、いきなり通常の生活に、普通の人間に戻ってしまったのです。

そこからかなり無茶をするようになっていきます。

まずイタリア本土に戻っています。

そこで怪しげなオカルティックな儀式や修行のようなものにはまっていきました。

当時流行っていたという事がありましたが、どういう原因でインスピレーションがいきなりストップしてしまったのか皆目わからなかったので、手当たり次第何とかなりそうなものに手を出しています。

そこではあらゆる肉体的な責め苦、水責め、火責め、逆さに吊るされるとか、色んなことをやられています。

やがて気が狂い、32歳の時若くして亡くなっています。

本当はその時「インスピレーションが来なくなった」で焦らずに、普通にその島で休んでいればよかったのですが…そうすればまたエネルギーが充てんされ、受け取ることが出来るようになったのです。降りて来なくなった時に無理やり絞り出そうとして、違う手段、違う世界に入り込んでしまったというのが敗因でした。

フーリョは生涯結婚はせず、独り身のまま亡くなっています。

ヴォイニッチ手稿の意味

さていよいよヴォイニッチ手稿に描かれてある世界の解明に入っていきましょう。

この世界は人間が中心の世界ではなく、植物がメインの世界になっています。

とはいいましても手稿の絵にありますように、普通の植物が人間たちを栽培したりしているわけではなく、あの絵の植物も栽培されているものではあるのです。

あの世界の進化の中心にある生き物は植物なのですが、いわば「植物人間」というような形をとっています。

まずその植物人間の解説からしていきます。

男女の差別はなく、雌雄同体というのでもなく、単純に分裂で増えていく形をとっています。

姿はシンプルな人間形状の人形のようで、口はなく、目も目玉というものがなく、穴のようになっています。頭のてっぺんに触覚のようなものがあり、そこが非常に鋭い感覚器官になっています（目、耳、口の代わりになっています）。

手に指などはなく、身体全体がツルンとしていて、薄い緑色で、光合成をしています。

ですから食べ物というものはなく、口もないわけです。

生殖は分裂して増えていくのですが、背中から（セミが出て来るように）同じ形のものが、ある時期になると出て来ます。

分裂した直後は小さいのですが、すぐに元の大きさに戻っていっています。

寿命は非常に長く、人間とは段違いに長生きします。

とりあえず「植物人間」と命名していますが、実際は「光合成するから植物人間」というカテゴリーではなく、シンプルにその世界ではそういう有り様の生命体であるという事です。

私たちが勝手に植物人間と呼ぶのは、あくまでも人間中心から見た視点に過ぎないという事がいえます。

ヴォイニッチ手稿に描かれている植物と人間の女性の関係ですが、あれは植物から人間が生えて来ている図なのです。

しかもその人間がすべて女性なのは、その世界には女性しかいないといいますか、その世界は男性性を知らないという事がいえます。

なぜ女性だけなのでしょうか。

男性だけでもいいと思うのですが、その世界では女性しか増やせないという事が原則としてあるようです。

やはりその世界が「男性を知らない」と表現した方が正確なようです。


この人間の女性を栽培しているといいますか、人間が成っている植物は、初めにご紹介した植物人間が栽培しています。


この植物人間が趣味で人間の女性がなる植物を栽培しているのです。

ただヴォイニッチ手稿に描かれてある人間の女性は、作者フーリョの意識のフィルターを通してあるものですから少し形態が異なっています。

本物はもっとペロンとした形状で、おっぱいもあまりなく、本物の人間よりははるかにアバウトな感じのものになっています。


それでも人間の女性のように動きますし、おしゃべりのようなものもしています。ペラペラと地球人のように喋っているわけではないのですが、何か音を出しています。

大きさは一人の女性が人間の親指くらいで、小さくてのっぺりとしていて、シルエットがかろうじて人間という感じになっています。


この女性たちはこちらの世界でいうところのタンパク質で出来ており、組成はさほど変わらないようです。

植物とつながっている繊維質の線があり、そこから栄養をもらって育っていきます。

最初は小さいのですが、人間のように赤ん坊の形態から次第に大人になっていくという形をとらず、最初から絵のような女性の形で、それが次第に大きくなっていくようです。


そうしたものを植物人間が眺めて楽しんだり、育てていたりしているのです。

自分たちと形態が異なるのがどうも面白いらしいのです。

その世界ではそれがトレンドのようで、周りの植物を改造して色んなものを創っています。

「創っています」と書きましたのは、この世界では「思うと出来てしまう」という原則がありまして、何でも創ろうと思ったら出来てしまうという便利な世界になっているようです。

それは「科学」ということではなく、「思い」が割とすばやく現実化するという地球上ではあまり想像できない世界になっています（思えばすぐ実現するというわけではなく、少しは手をかけないといけないのですが、地球のような面倒な過程は経なくてもいいようです）。

そこでは人間が成る植物を創って愛でるということが流行っているのです。

その観葉植物になる人間は、その植物の「実」というわけではなく、何といいますか…「茎」や「葉」のようなもので、「実」のように熟して成るという形のものではないようです。

ですからその観葉植物が枯れてしまう時、女性たちも死んでしまうといいますか…しなびていきます。

謎の文字

ヴォイニッチ手稿に描かれた絵の意味は解明できました。

それではフーリョが書き記した手稿のあの奇妙な文字は何を表していたのでしょうか。

まずあの世界には言葉はないという事があります（意思の疎通はほぼテレパシーのようなものでまかなっています）。

つまりそこでは文字もないのです。

するとあの文字は一体何だったのでしょうか。

それはフーリョがその世界に飛び交う思考を感知し、文字として彼のフィルターを通して翻訳したものなのです。

ですからまったくのでたらめというものではないので、あれを翻訳しようと思えば翻訳することは可能なのです…が、普通の人間がやろうとしてもまず無理がありそうです。

あの文章の内容は植物人間の世界でテレパシーが飛び交っているものを受信して、更にそれをフーリョの頭といいますか、彼の魂魄体の中で文字に変換したものですから、例え地球言語に変換できたとしても、内容は向こうの世界独特の世界観ですから、哲学的といいますか机上の空論的なものは見えてきますが、それが実際にこの世界に通用するかといいますとそれは全く無駄なものだといえます。

しかしそういう世界があって、人間世界とは全く異なる価値観、世界観、システムが存在するという事の確認は出来るかも知れません。

異界

このヴォイニッチ手稿の世界は宇宙全史では「異界」と位置付けています。

異界の定義は、
① 私たちの世界に次元的に近い

②
地球界と同じ物質ではないが、似たような組成の物質状の構成になっているため、条件が合えば行き来できる（波動が異なるので地球の物質体そのもので移動は出来ない・何らかの形で変換が必要）

③
異界の根本的な定義になりますが、その世界は人間の定義自体が異なるものである

④
例えば地球では人間は哺乳類になりますが、異界では植物だったり鉱物だったり、アメーバだったりします

⑤
「宇宙全史」第一巻を学ばれた方はお分かりでしょうが、それではこの宇宙の星々にいる植物人間は異界の植物人間と同じものなのでしょうか

⑥
それは同じものと定義されます

⑦
ただし同じものですが、植物人間の世界にもパラレルワールドがあり、その世界の波動が地球と最も近いものが地球圏からアクセスしやすくなり「異界」と定義づけされます

⑧
補足ですが、異界の人間には私たち人間のような哺乳類のまた別な定義の異界も存在しています（つまり私たちとあまり変わらない人間も異界にいることがあるということです）

私もたまに異界にはまり込んだりしますが、その場合も生身のままで入っていっています。生身でない場合もありますが、そういう場合は次元やその世界の波動がこの世界と少し離れているので、今の生身では無理だという事のようです。

覚醒してしまいますとそのあたりは自由になるのですが、今はまだまだ制限が多いようです。

ヴォイニッチ手稿は多くの方たちの関心も高く、中にはその内容が分かったとか、自分も異界に行って来たという方がおられますが、そのほとんどは勘違いや想像の域を出ていません。

本当にそういう世界に紛れ込んで戻って来ていても、その間の記憶が戻った時に自分の都合のいいように変換されていたり、脚色されていたり、つじつまが合わなかったり、正確さに欠ける展開が多いようです。

それではフーリョはどうしてあの世界と同通できたのでしょうか。

月読之大神
「縁がなければ入れる場所にはいかないからねぇ」

●フーリョさんは元々その植物人間の世界から来た方なのでしょうか

「それはない」

●どういう縁があったのでしょうか

「好奇心が強いみなさんっているじゃない」

「そういう縁だわね」

「神隠しになりやすい人達ってさぁ」

「ちょっとこう普通の感覚とは違うぶっ飛んだ感覚の系譜っていったらいいのかな」

「そういう性向」

「兆しというか」

「魂の傾向のある人達っているんだよね」

「異界に入りやすい人達」

「そういう所とタイミングを持ちやすい人達っていう系譜はある」

「その人達の一人だね」

●それをでも「縁」っていうのでしょうか

「縁…だね」

●波動とは違うのでしょうか

「縁」

●縁っていうのはなんか「つながりがある」っていうことじゃないんでしょうか

「そうだよ」

●まぁそうか…つながりがあるのか・その世界とつながりがあるっていうわけではなくって、似たような波動を持っているっていうことだけなんじゃないでしょうか

「それだけだね」

●そうですよね・そこから来たとかいうわけじゃあないんですよね

「違うね」

●なんとなくまぁ波動が似ているっていうか…

「でもそこで徹底的に入り込むか否かっていう…その拒絶するかしないかっていう所で、その縁といったらいいのかな、その魂の性向性っていうのは結構重きをおくよ」

●この人は入り込むまではいかなかったのですね

「入り込んで同化しちゃうまではいかなかったね」

●でもある程度入り込んで受けることはできたっていうことでしょうか

「そうね」

ダヴィンチの世界（私たちの世界はファンタジー）

ダヴィンチはこの宇宙の出身ではありません。

彼は異界から私たちの世界に来ているちょっとイレギュラー――な存在です。

そのため異界というものを理解して頂くためヴォイニッチ手稿を取り上げてみましたが、ダヴィンチはまた違う異界ではあるのですが、私たちの世界とはそう隔絶された世界ではない近しい世界から来ている人でした。

彼の世界がどのようなものかは（ここと似た世界ではあるのですが）中々ひとことでは表現できないのですが、逆に彼の世界からこちらを見ますとこの世界は「ファンタジー」の世界に見えるようです。

この「ファンタジー」という表現が強烈で、いかにこの世界が生ぬるく、粗《あら》く、アバウトであるかという事実を見事にひとことで表現しています。

逆に彼の世界が密でもっと頭を使うといいますか、濃い世界で、だからこそこちらに来ても時を超えた発明や芸術を産み出せていたのでしょう。

（大学生が幼稚園に入ったようなものだと考えてみてください）

さてこのダヴィンチの章の冒頭で書いておきましたが、彼はすでに集合魂に戻っていますが、それでも再び新たな地球になる過程の変動期に地球に戻って来たいと願っています。

そしておそらくそれは成就されますが、彼が降りる場所は日本ではなくなっています。

とりあえずは寒い国に生まれる予定です。

日本から改革が起こり始めますから、本来なら日本に降りるべきなのですが、ここでも陰始のブロックが入り邪魔をされています。

彼ばかりではなくこれまでの世界で色んな改革のための計画が邪魔をされ、払われてしまうという現象がずっと起きていました。

それでやむなくダヴィンチも一旦他の国に生まれて日本に来るというまどろっこしい事をしなくてはならないようですが、（まだ分からないのですが）日本に入るべき器が出れば途中からそちらに憑依するという形で入るという事があるかもしれません。

秦の始皇帝の時はルシフェルが生まれる前から入っていましたが、ヒトラーの時はサタンがダヴィンチがやるであろうやり方でヒトラーに途中から入っています。

エネルギーのある存在はそういうことが出来ますが、サタンの時は陰始の勢力が強かったので、ヒトラーをコントロールするのが大変だったようでした。

例えばアウシュビッツの大量虐殺などサタンはあまりやる気はなかったようでした。

ただサタンの意を汲んだ周りがものすごく喜んで暴走しています。

サタンは結構冷酷なことはしますが、あまり無駄なことはしません。

どちらかといいますと意地汚くないという感じですが、周りにいる存在達がかなり意地汚い者たちのようです。

それはサタンの教育がなっていないからなのですが、そういう面でサタンは自由だという事があります。

つまりそれを止めようとしていない、周りがどうしようがあまり囚われていないという事があります。

自分の教育が間違っているなどとは金輪際思っていません。

「自分はやらないけどあなたたちがやりたいのならやれば」

くらいのスタンスですが、でもそれも本当は自分だという事に気づかないところが所詮サタンということかも知れません。

私たちの住む地球上には人類だけではなく様々な生物が生息していますが、通常の感覚器官でとらえられる生き物だけではなく、私たちの五感だけでは感知し得ない存在や見えていても人間ではないという存在も普通に生息しています。

また同じ人間であっても、その中身が通常の人間の進化過程にあるものではないイレギュラーな存在も多数混じっているのです。

それが地球という多様性を追求した実験星の特性なのかもしれません。

第27章　力道山

プロレスラー（元力士）
生没年：1924〜1963
出身地：咸鏡南道（日本統治時代の朝鮮／現在の北朝鮮）

15歳で二所関部屋に入門し1946年11月場所に入幕、1949年には関脇にまで昇進するがその翌年に相撲界を突如引退する

その後プロレスに転向し1952年に渡米、ホノルルで日系人レスラー沖識名の猛特訓を受け帰国した翌年に「日本プロレス協会」を設立して興行を始めるやテレビ放送の開始と相まって空前のプロレスブームの立役者に一気に躍り出た

その後も木村政彦との戦い（「昭和の巌流島」）やルー・テーズ、ザ・デストロイヤーといったアメリカンプロレスラーとの名勝負で大衆の話題をさらうも、1963年、ナイトクラブで暴力団員村田勝志と喧嘩になり登山ナイフで刺されたことが原因で死亡した

昭和の巌流島

1954年12月22日、力道山と柔道界の最強戦士とうたわれた木村政彦との因縁の試合がありました。

それは「昭和の巌流島」とまでいわれるようなイベントで、木村は本来柔道家でしたが、その時はすでに食うためにプロレスにも足を突っ込んでいました。

しかしプロレスのシナリオのある筋書き通りの出来レースには常々不満があり、「真剣勝負なら負けない」という自信といいますか、思い込みはありました。

ですからこの試合は木村の希望で実現しています。

現代の異種格闘技のような様相がありましたが、結果は力道山が勝ち、木村はボコボコにされて流血の結末を迎えています。

後世色々いわれていますが、木村は柔道家としては確かに強かったのですが、それも戦前までで、戦争という空白の時間が木村の柔道家としての生命を大幅にそいでいました。

それでも戦後の試合で彼の不敗神話を継続していますが、それはあくまでも「柔道」という狭いカテゴリーの中だけのことで、異種格闘技という、いわば真剣勝負の中ではまた異なるものがあったのです。

確かに力道山との試合では当時のプロレスの興行と同様に、シナリオといいますか、筋書はあったようで、それが「引き分け」ということも双方納得済みでした。

もちろん力道山も承知していましたが、試合が始まってみると段々いきり立って来ています。何にいら立っているのか確認してみますと、彼はプロレスというジャンルを日本に根付かせた人でしたが、常々「柔道」というものにコンプレックスとその裏返しの怒りを持っていました。

世の中的にも力道山にとっても柔道界というジャンルは、当時の立ち上げたばかりのプロレスよりもはるかに格上という認識がありました。

その「柔道」の木村が自分に対等に戦いを挑んで来ているという思いが力道山を暴走させています。

試合中の反則や不公平ルールなど木村に不利な条件はあったものの、真剣勝負といいますか、いわゆる「ケンカ」になった状態で負けてしまったというのが本当のところでしょうか。

それを木村が後に言い訳がましいことをいってみたりするというのは、真剣勝負という世界では生きていけなかったということかもしれません。

植芝先生は武蔵や小次郎を「外道《げどう》」と位置付けられます。

それは私たちが一般的に使用する「外道」ではなく、「人外」の者という意味で使われます。

武蔵や小次郎は生き死にを賭けた闘いが大好きでした。

剣道でも柔道でもなく、ましてやプロレスでもない、何らのルールも拘束もなく、生活そのものが勝負の渦中にあり「勝った者勝ち」というシンプルな「外道」ルールで生きる獣であり、修行者です。

《ここから少し「宇宙全史」第二巻からの抜粋です》

植芝先生
「獣だから外道」
●何をもって獣なのでしょうか
「己の本能の要求するのみでしか振舞わないからねえ」
●それってみんなそうではないんでしょうか
「それが中途半端でないという意味での外道よ」
●外道…とは、何の道から外れているのでしょうか
「あなた達が見ている一般的な幸せといったらいいかね」（宇宙全史第二巻より）

力道山という人間

力道山という昭和テレビ黎明期における一つの象徴のように、あるいはヒーローのように扱われていますが、ネット上の数多《あまた》ある情報の多くが生前の彼の素行の悪さを伝えています。

実際そういうことはありましたし、彼の周囲では常にケンカや威嚇などの様々なトラブルがつきまとって

いました。

元々はそんなに悪い人間ではなかったのですが、出身が韓国ということで、当時は人種差別がまだまだ根強くあった時代でした。

彼がまだ小さかった時、韓国で差別された傷はトラウマとしてしっかり残っています。

当時の韓国は序列にこだわり、人を下に見たら思いっきり叩くというようなことは当たり前にありましたが、力道山は15才の頃に日本に来ています。

日本ではもちろん朝鮮人への差別ということはありましたが、それも含めて「人をさげすむ」という差別に彼は深い憤りを持っていました。


力道山の身の回りに起きるトラブルは、彼が立ち上げたプロレス興行がテレビ放映の影響で順調に伸び、名声もお金も急速に得てしまったということから、調子に乗ってしまった、いい気になってしまったということがありましたが、彼自身が自分の感情をコントロールできないという弱さから来るものでもありました。

自分が朝鮮人であるということ、いくら頑張っても評価されないプロレスというものの社会的な地位の低さなど、そういう負い目が重なって、鬱屈した暗い感情に振り回されていたということがありました。

先ほど書いておきました「巌流島の闘い」で柔道家の木村に暗黙のルール無視での攻撃は、彼の「感情をコントロール出来ない」という弱さが出た良い例です。

死因

昭和38年12月8日、赤坂のナイトクラブで力道山とナイトクラブの用心棒（村田勝志）が口論から取っ組み合いのケンカに発展して、力道山が腹を刺され、翌日入院するが7日後に死亡しています。

この死因については色々書かれていますが、原因は「些細な医療ミス」というものでした。

直接の原因は「壊疽《えそ》の感染」で、傷口から化膿しています。

病院では一応手術の後も消毒などしていますが、あまりキチンとはしていなかったようでした。

しかし壊疽の菌というのはそれほど強い菌ではないので、通常は重篤《じゅうとく》にはならないで治癒していくものなのです。

何故力道山ほどの人が壊疽で死んでしまったのでしょうか。

そこには彼の性格が大きく関与しています。

まず病院ではあまりいい患者さんではなかったということがありました。

一応治療はさせるのですが、それが協力的ではなく、やたら好き勝手に動くので傷口がすぐに開いてしまうのです。

その状態は感染症に非常になりやすい状態で、そこに彼の暴飲暴食という悪癖が重なります。

特に贅沢なもの、生ものが好きなようで、食べ方も汚く、傷口が汚染されています。

また彼自身の身体の問題もありまして、日頃の不摂生で内臓がかなりやられていて…肝臓とその周囲が特に傷んでいます。

ですからこの頃はプロレスの試合をしていてもかなり無理をしていたはずです。

それを贅沢な飲食や（今でいう）ドラッグでごまかしていました。

当然免疫力も低下していましたから、そんなときに壊疽に感染してしまい、そのまま身体全体に広がって取り返しがつかない状態に陥っています。

五井先生のひと突き

今力道山は真っ暗な幽冥界に一人ぼっちでいます。

こちらから問いかけてもあまり動きはなく、何かボーっとしたまま…ずっとそうしていたようです。

もちろん彼の守護霊団の皆さんは手に何かカンテラか松明《たいまつ》のような光を持って振りながら、

「戻ってこーい」


とずっと呼んでいるのですが、本人はどうしていいのかわからずただボーっとしているだけなのです。

守護霊団は彼のすぐそばにいるのですが、力道山との間に暗くて深い河があるようで、どうやって渡ればいいのか、どちらにいけばいいのか道標がなくただ茫然としています。


その深くて暗い河というのは力道山の問題で、彼自身が自らを省み、生きていた時の負の清算をしなければいけないのですが、こうなってしまっていると何かきっかけといいますか、外部からのインパクトがないとどうにもならない状態に陥《おちい》っているということのようです。

例えば彼のことを強く思ってくれるような魂といいますか、彼の注意を引くような強い魂がいればまたちょっと違うのですが…彼が生前良いことをしたとか、人に希望を与えていたので、彼のことをずっと忘れないで呼び戻してあげようというような強い魂がいれば少し違う展開になっているのですが…

確かに今でも「力道山」といえば60代以上の人たちには人気はあるのですが、それは単に「懐かしい」とか「当時はああいう人もいたんだ」というくらいで、上辺だけの思い出にしか過ぎないのです。

「本当に力道山はよかったね」

「力道山のおかげで人生が変わったよ」

という人はいないのです。

もちろんあのテレビ黎明期に国民のほぼすべてがテレビにくぎ付けになり、終戦後の落ち込んだ空気に活力のようなものを流し込んだことは事実ですが、それはいわば「水戸黄門」のドラマのようなもので、作られた勧善懲悪《かんぜんちょうあく》に幼い人々が浮かれ騒いだだけのことだったのです。

それはその時代のファッションとしての位置づけはありますが、人々の深層に染み渡るような影響を与えてはいなかったということがありました。

それは力道山が生きていた時、人に魂のつながりを求めていなかったといいますか、作って来なかったということがあるのです。

私はここでこのまま力道山の収録を終わろうとしましたが、念のため五井先生に確認してみました。

すると、

「ほっとけないわね」

というお言葉です。

この時五井先生が力道山の守護霊さんに何やら棒状のものを渡しておられます。

今まで力道山と守護霊団の間の意思の疎通が出来なかったのは、その間に膜《まく》のようなものがあったからなのですが、その膜に渡された棒状のものをグサッと刺しています。

その棒のようなものは中が空洞になっていて、本人に届くかどうかは別ですが、呼びかけが通ることは可能なのです。

五井先生
「伊吹が通る」

後は守護霊団と力道山の問題ですので、私はここで収録を終わっています。

五井先生がここで出てこられたのは、プロレス興行の成功に相まって、人生を狂わしていった力道山で、生前はあまりいいところなしでしたが、本来の彼は「いい人」だったということもありました。

すべてを見通しておられる五井先生ならではのご指導でした。

第28章　夏目漱石

文筆家、本名「金之助」
生没年：1867〜1916
出身地：江戸／現在の東京都（日本）

　1889年、同窓の正岡子規が手掛ける文集に批評を書いた時から「漱石」を名乗り始め、翌年に旧帝国大学の英文科に入学、成績優秀で卒業後は教師をしながら俳壇で活躍するようになる
　1900年には文部省の養成でイギリスに留学するが神経衰弱に陥り半ば強制的に帰国（1902年）
　1905年、講師を務める傍ら神経衰弱を和らげる目的で執筆した『吾輩は猫である』を発表、この作品が周囲の好評を博したことから小説家としての活動を始め、以後、勢力的に活動を続けるも1910年に胃潰瘍、1916年には糖尿病を患いその年の暮れに死去した（享年49歳）

作品——『坊ちゃん』『三四郎』『こゝろ』『明暗』『夢十夜』など

本当の夏目漱石

「吾輩は猫である」という小説はみなさんよくご存じだと思います。

ちょっと前までは私たちが一番目にする千円札の肖像にもなっていた方です。

日本の文豪中の文豪ですが、この方は果たして新しい地球に残ろうとしているのでしょうか。


まず単刀直入に確認してみますとお答えが、

「つまんないからいい」


というちょっとすねたような感じのお答えでした。

はてどうしたことでしょうか。

意外なお答えでしたので、彼についてちょっと掘り下げていきたいと思います。

作品との乖離《かいり》

「つまんないからいい」

というのは、

「世の中全てがつまらない」

「こんなくだらない所に出て来たくない」

ということのようです。

実際の漱石の波動から来るものが、一般的な漱石のイメージやその作品と大きくかけ離れているということがあります。

彼の作品はこの本で収録している太宰と異なり、わりあい本格的な文章で（何をもってまともとするのかはまた別ですが）まともな作品が多いのですが、探ってみますと作者であるご本人は癇癪持ちでエキセントリックな人間でした。

ですからちょっとしたことでもすぐにイライラしたりして、こちらとしてはあまり触れたくないといいますか、関わりたくない人という感じです。

ただ頭は良い人ですので、本人は癇癪持ちでも文章はエキセントリックではないのです。

「世の中すべてがつまらない」

というような厭世《えんせい》観を持っているのなら、どうして宗教方面といいますか、そっち系に進まなかったのでしょうか。

確認してみますと、

「宗教もくだらない」

ということだそうです。

どうもすべてがみんなくだらないという虚無主義者のようなのですが、その「くだらない」といっている自分をちょっと楽しんでいる感じも少しします。

ベースはイライラと怒っているのですが、それを笑い飛ばしてしまう何かを持っているという部分があることはあるのです。

だから小説も書けたのでしょう。

実は彼の集合魂も同じで、何でも理詰めでキッチリ物事をやりたいのですが、それにそぐわないものには「くだらない」で済ましてしまうというスタンスがうかがえます。

さてここでもう一度本当に「地球に残りたくない」のかちょっとお聞きしました。

そうしますと何やら雰囲気的に「出ていきたいわけではない」というお返事で、うだうだ文句をいいながらもちょっと（その新しい地球とやらを）見てみたいという波動も感じます。

こんなふうですから当時一緒に生きていた人たちはいかばかりだったのでしょうか。

実際に見てみますと、周囲にいた人たちは、扱いにくいといいますか、「怒りっぽいなあ」と思っても一応文豪の大先生様ですから、何か腫物に触れるようなそんな感じでした。

ただ生きていたとき誰にでも怒っていたのかといいますとそうでもなく、小心者だったらしく怒ってはいけない人にはあたらなかったようです。

その代わり弟子とか生徒とか家族のような、あたってもいい人にはあたっていました。

そういう時代でもあり、地位とか名誉とかお金を稼げる文豪とか、社会的ステイタスがある者は、家族や弱い者、周りにあたるということは当然というような風潮があったことは確かです。

イギリスに留学に行った時には精神に異常をきたすようなことがありましたが、元々いい時と悪い時の差が激しい人ではありました。

一見躁うつ病に見えますが、躁うつではありません。

当時のイギリスには厳とした人種差別がありました（今でもありますが）。

日本でちやほやされていたプライドの高い彼の境遇が、一転してイギリスで人種差別の洗礼を受けたのです。

国外では日本でのようにそのうっ憤を晴らす人も場所もなく、やむなく自身の精神をむしばんでしまったのです。

ロンドンではあまりの衰弱についに帰国を強制させられますが、帰国後もその後遺症のようなものは残り、元々あった性格の偏重と重なって彼のイライラは一向に治る気配を見せず、肉体すらも徐々に蝕んでいきます。

結局彼自身の精神が長年蝕《むしば》んだ胃の病で他界します。

享年49才でした。

第29章　エリザベス女王1世

イングランドとアイルランドの女王
生没年：1533〜1603
出身地：グリニッジ（イギリス）

ヘンリー8世とアン・ブーリンの間に生まれるも2歳の時に母が不義密通の嫌疑で処刑され一度は王女の称号を剥奪される

その後、王の再婚相手であるキャサリン・パーの働きで王位継承権を再び獲得するとエドワード6世、ジェーン・グレイ、メアリー1世の失脚の後に女王の座についた（1558年／25歳の時）

在位中、幼馴染のロバート・ダドリー、アンジュー公フランソワなどとの結婚話があったものの結果的に生涯を独身で通し、69歳で死去した

現在のエリザベス女王は2世になりますが、エリザベス女王1世も含めて…もっと拡大しますとヴィクトリア女王の時代まで遡っての総括的な見解になります。

この系統の筋をたどりますと真っすぐに陰始につながっています。

そして降りてきたお言葉が、

「未来永劫ぶれることなくそうだろうよ」

イギリス皇室につながる多くの民衆がこのエリザベス女王を筆頭とする陰始のカラクリに引き込まれ、やすやすとエネルギーを奪われているのは、何年か前のイギリス皇太子の結婚式で世界中の陰始に傾く人たちが浮かれ騒いでエネルギーを収奪されていたのを見るまでもないことです。

そもそもイギリスといいますのは、昔の大英帝国の名残りで、植民地自体は減りましたが今でもエリザベス女王は16ヵ国のイギリス連邦王国の君主の地位にあります。

それはつまりかつて海賊行為で領土（植民地）を増やしていった名残なのですが、その支配された側が独立した今でも従属するという形を残しているのです。

確かに陰始の手先として人類の大半を支配し、それが当たり前のように「王族」「皇族」「貴族」としての地位を保持し、人々を下賤とする仕組みを作り上げた罪は大きいのですが、そこに与《くみ》して（受け入れて）しまった人々も同じ罪を背負うことになります。

庶民は女王を「崇拝」することにより自分たちのアイデンティティを確認します。

つまり外部に何か偉大な象徴を見つけることで、そこに付属することで自らの価値を見出そうとします。

それが凡庸な人間のやることですし、そこにしか自分に価値を見いだせないということがあります。


「偉大な女王が大いなる大英帝国と共にあり、私たちはそこにこの身も心も捧げることで、その偉大な女王の一員となることが出来るのだ」


大げさにいえば大体そういう感じで皆さん生きています。

その形はどこの国でも同じで、日本の皇室もその例外ではありません。

日本の皇室

●日本の皇室も同類なのでしょうか

月読之大神
「そうね」

●あの天皇陛下も地球を去るのでしょうか

「同じ」

●皇太子さんも？

「同じだよ」

●今人気がある皇室の眞子さんも

「今はまだどちらに振れるか…危ういところ」

「瀬戸際だね」

●皇室の家系は皆さんそうなんでしょうか

「そう」

●雅子さんも？

「ぶち壊そうとしている方だけど」

「権威にそぐわなくて鬱になっちゃったね」

●残るのでしょうか

「残りたいみたいだね」

●他の方たちはどうなのでしょうか

「可能性があるのはその二人」

●でも先代の天皇陛下も、今の天皇も人が良さそうな方たちですが…
明治天皇というのは結構立派な方だったのでは？

「あのね」

「立派なことをやっている人たちというのは、その奥底に何があるかっていうのが、最後にはそこしか見られない」

「だから立派なことをやってる人達…一見そうであっても奥底の気持ち」

「それだけなんだよ」

●支配するということでしょうか

「そう」

●でもあの当時誰かが中心になって支配しないと国が侵略されてしまいましたよね

「そうね」

「でもその一点しか見ない」

●国が潰れようがどうしようが支配してはダメなんでしょうか

「そうよ」

●それは大変ですね・おそらく誰でもそういう状況になったら、みんなそうなってしまうのではないでしょうか…天皇に生まれていたら、あるいは家康に生まれていたらやはり支配はすると思います

「そうね」

●家康に生まれていたらやはり天下は取ると思いますし、取ったら支配もするでしょう

「でも支配した後の一点」

「自分が生きていくために国民を飢えさせないとか」

「（あなたなら）そういうのやった？」

「それだけ」

●どこまでも搾取するんじゃなくってやっぱり…

「皆で生きようっていう所になるのが領主でしょ」

「リーダーの役割でしょ」

●そうですね

「それをやったかやらないかなのよ」

「やろうとしたかしないか」

「やりたいかどうか」

「そこね」

●そうですね・天皇さんはいわれるままですね…くどいようですが、明治天皇は最近の天皇さんの中では立派な方だったと思うのですが、やはりそれだけではだめで、支配する側だと陰始に加味したということで地球を去ることになるんですね

「あのねぇ」

「やっぱり囚われてしまっているという本人のその時の気持ちというか、今に続く魂の気持ち」

「それだけなのよ」

●「今に続く魂の気持ち」とは何でしょうか？今現在のその明治天皇の魂の気持ちですか？

「そう」

●天皇の系譜の集合魂ってあるのでしょうね

「ある」

●歴代の天皇っていうのはみんなその同じ集合魂から出てるんですか？

「大雑把だけどそうなのよ」

●大体そうなんですか

「大体ね」

●でも、大正天皇っていうのはまぁちょっと頭おかしかったみたいですけども、昭和天皇は中々良い人だし、その昭和天皇の皇太子と今の天皇もそんなに悪い人じゃないですよね？

「うーん」

「どこの目線から見て悪い人じゃないかっていうのはまた違うんだけれどもね」

●普通の庶民の目から見たらですね・人は良さそうですが、上っていうか周りのいいなりにされてしまったっていうことはあると思うんですけども・それでも国民を幸せに出来なかったっていうか、責任は負わなきゃいけないんですね・象徴なのに…まぁ明治天皇は象徴じゃなかったですけど

「そういうことね」

「エネルギーを集めて、そのエネルギーを結果的に陰始に捧げていたという意味で、魂がどう思おうとそこでの負荷は集合魂の枠にかかるね」

●集合魂自体が陰始に捧げていたっていうことなんですね・集合魂はそれを理解していたのでしょうか

「している」

●していたのですね・だからですね・それは何かと引き換えにしたのでしょうか

「そう」

●何と引き換えにしたのでしょうか

「天皇家そのものの…」

●存続？

「存続」

「そこにものすごく…現世的な存続ね」

●それはどこから始まったのでしょうか

「仕組みを作った時から」

●どの辺でしょう…神武天皇はいなかったんですよね（実在していません）

「まぁ天皇とは言わないけどあの辺りからよ」

●ヤマトタケルの…（この本の最終章で出て来ます）

「そう」

「もうあの辺りの豪族のもうちょっと前ぐらいから脈々とだわね」

「それでその時その時で結界を強化して、自分達の集合魂の位置を確立していた」

「それが全部現世での利益」

「で、その陰始につながった時から自分達以外のエネルギーを取ってというやり方…」

「それは変えてないから」

●うーん…そうですか・全然分からないですよね・普通の人には・集合魂の有り様と現世に出たその人間の有り様が

「全く視点が違うから分からないはずで、それは当たり前だと思うよ」

●ええ、地上から見たら全く分からないですね

「分からないだろうね」

●多分、霊能者が見ても分からないんじゃないですか？

「（霊能者も視点が違うので）自分の見る視点だけしか分からないよ」

●よほどの人じゃないと分からないですよね。

「よほどというか、どことつながっているかによるだろう」

●なるほど…それでは明治天皇が人民のために非常に尽くしたとしたら…まぁ尽くさないのか結局…尽くせないんですね

イギリスと日本では有り様が異なりますが、支配して搾取するという構造は「同類」と見なされるようです。

長年支配されていた、洗脳されていた私たちにはすぐに中々納得できない面もあると思いますが、やがて来る既存世界の崩壊と新たな地球の創造の前では、グズグズ判断を躊躇しているヒマはないようです。

第30章　西郷隆盛

武士、軍人、政治家
生没年：1828～1877
出身地：薩摩国／現在の鹿児島（日本）

藩主島津斉彬に重用されるも彼の急死とともに失脚、自殺未遂→奄美配流→徳之島・沖永良部島への遠島を経て1864年に帰藩した後は外国との密貿易が原因で広まった薩摩藩に対する諸藩からの悪評緩和に努めた

その後「禁門の変」「第一・二次長州征伐」に関わる中で次第に倒幕の立場に転じ薩長同盟を締結（1866年）、1871年には出仕して参議に就任し廃藩置県に携わるなど政治中枢で活躍した

岩倉遣外使節団出発後に留守政府の責任者となるが朝鮮派遣を巡る征韓論争の末に下野（「明治六年政変」）、郷里に帰りしばらくは穏やかな生活を送るも自らが設立した私学校の生徒が暴走し陸軍火薬庫を襲撃したことを端緒として挙兵を決意（「西南戦争」勃発）

不平士族を率いて一時は鹿児島の城山を占拠するまで進軍するが政府軍に包囲され自決した

幕末から維新にかけて日本を大きく動かしていった人物の一人ですが、彼は地球に残ってくれるのでしょうか。

「いる」

というお答えが降りて来ています。

西郷さんはとっくに集合魂に戻っておられて、その集合魂の意志が「いる」ということのようです。

出身は鉱物系の星

地球に集う人類は、このオーム宇宙の隅々から集められたいわば宇宙人たちの集まりです。

その詳細は「宇宙全史」第一巻で明かされていますが、基本的に今までの人間中心の視点から書かれたものではないので、難しいといいますか理解しにくい部分が多いと思います。

西郷さんの集合魂は「鉱物系の星」から地球に来ています。

この鉱物系の星とはどういう意味なのでしょうか。

単純に星（惑星）は大体鉱物からできていますから、ここでいいますところの鉱物系の星とはその惑星に住む住人が「鉱物系」という意味です。

しかし惑星に住む生命体が「鉱物系」とはどういう形なのでしょうか。

他にも「宇宙全史」第一巻では木質系の人間というものもありましたが、ここでは西郷さんに焦点を当てて「鉱物系の人間」を探求します。

玩具で合体マシーンのような、変形ロボットで岩石超人というのがありますが、鉱物系の人間といわれますと、どうもそういうようなものを想像してしまいます。

実際形は人間とほぼ同じくヒューマノイド型でして、ロボットほどガチガチではないようです。

昆虫はキチン質の殻をまとっていますがちょうどあんな感じで、柔らかいカーボンのような外殻になっています。

身体の中は私たちのような複雑な構造はなく、大まかなパーツごとのブロックになっています。

血液はありませんからどういうエネルギー循環をしているのか見てみますと、神経ブロックのようなパーツがあり、電気ではないのですがそのようなものでエネルギー循環をやっています。

正確にいいますと循環器系を巡るエネルギーは電気ではなく、コンピューターの電気刺激に近いもので、他にも地球の液状に似たものも少しあり、油のようなものが人間のホルモンの要素を持っているようです…が、これはあくまでも地球上の概念に無理やり翻訳したもので、そもそも地球とは構成元素が異なりますから、どうにも正確な表現は難しいようです。

鉱物人間のウンチ

さて彼らの代謝系はどうなっているのでしょうか。

実は彼らもウンチはしますが、それはごくたまにということになります。

おそらく一生に何回かというくらいで、しかも口とかお尻の穴とかはありませんから、そもそもどうやって生殖して、どうやって増えていくのでしょうか。

彼らには男女の区別はありません。

従って増殖は分裂という形になります。

分裂は背中が割れてセミの脱皮のように新しい体が抜けて、古い体もそのまま生き続けていきます。

そうやって分裂で増えていくのですが、この分裂の時に小さなパチンコ玉くらいのウンチを出すことがあります。

寿命は非常に長く、人類とは比較になりませんが、それでも分裂を繰り返していくうちに、古い方の体は次第に劣化するといいますか、老朽化していき、やがて色が薄くなり死んでいきます。

分裂で増えていくというのはわかりましたが、それでは最初はどうやって発生したのでしょうか。

そもそも分裂する体が存在しない時にいかにして存在できたのでしょうか。

ここを追及すると、

月読之大神
「造ったね」
●造ったのですか…そこからだんだん増えていったのですね
「そう」

●その創世の時の一体はまだ生きているのでしょうか

「いない」

もう少し詳しく確認しますと、創世の時に造ったのは一体ではなく、その一体からクローンを造り、何体かのクローンからその星の人類史を始めていました。

今は西郷さんの元星ということで鉱物系の星を探求していますが、鉱物系にも色々ありまして、すべてがヒューマノイドの形をとっているわけではないようです。

この宇宙には鉱物系や木質系、昆虫系、爬虫類系…様々な形があるのですが、いずれも最終進化に近い形はヒューマノイド形になっています。

地球でも太古の時代には色んな恐竜が出ましたが、そのカテゴリーでは恐竜人間が最終形となっていました。

鉱物系の人類の特徴の一つに「愚鈍」ということがあります。

愚鈍と聞くと通常何か悪い形質のように思えてしまいますが、愚鈍の中にある「迷い」「躊躇」「落ち着き」「腹が据わる」というものが混然となったものを「愚鈍」としています。

「迷い」「躊躇」は中々その方向性を変えないという性質を表し、一種の「慎重な頑固さ」を示します。

「落ち着き」と「腹が据わる」は西郷さんそのものの印象になりますが、その中には「慎重な頑固さ」も強く含んでいるということがありました。

（なおこの「愚鈍」は、完全ではないのですが人類史ではムーの時代（４４０万年前）に獲得されています・「宇宙全史」第一巻３４７Ｐ参照）

水晶の国日本

私はずっと日本に住んでいますが、身びいきを除きますとあまり日本が好きとはいえない感じです。

そんな私の感覚は別にしまして、西郷さんは、

「日本を守りたい」


といいます。

どうも日本という地場を守りたいようなのです。

地球じゃなくて日本にすごく愛着がある人達みたいです。


ではなぜ日本限定なのでしょうか。

その謎は日本列島が造られた創世の時に関係がありました。

地球の歴史からしますと日本列島の誕生はごく新しいものになりますが、それでも日本は地球という実験星のある種の要として最終的に造られたということがあります。

まず地球を含む太陽系は、いて座系の親方集団が創っていますが、後に地球自身が将来日本になる地盤に

水晶をセッティングしています（あるいはその部分が日本列島として後に浮上します）。

やがて地球入植者が来るようになってから西郷さんの鉱物系の集団も地球に降り始め、日本の地下深く埋蔵されている水晶を守るため、あるいはその場でやるべきことを遂行するために来ています。

簡単にいいますと、

「日本を守るため」

に西郷さんの集合魂はあるのです。

これは地球の実験星の最終形としてのすべてを集めるアンテナといいますか、発信源であり受信源として日本の地下に存在させています。

実験星としての地球をどのように進化させ、どのように導いていくかという入力と、地球からのフィードバックの送受信のための装置としてあるようです。

「宇宙全史」の二巻がまだ発行されていませんので、私たちがこの地球に来るまでどこでどうしていたのかは第一巻から推測するしかないのですが、その私たちがこれまでやってきた集大成のようなものをすべて地下の水晶に集めて、地球に改めて反映させていっているのです。

地下にある水晶は日本だけではないのですが、集中的にある種の水晶が集められ活性化されているのは日本だけなのです。日本限定というのはそのせいでもありますし、西郷さんたちが日本を守りたいというのはそのためでした。

発信したものは最終的には宇宙神（月読之大神・天之御中主大神）に送られますが、それまでには地球上のあちこちにある拠点を巡り巡って、マネーロンダリングのような感じで、気のロンダリングをして、さらに色々ミックスして頃合いの良いころに上に送られています。

日本は発信するだけではなく最終的な受信も兼ねているのですが、今のところはまだ発信だけを行なっています。

受信の装置がまだ不安定で、発信したものが完全に還って来るという形にはなっていません。

受信装置の必要条件は「気」なのですが、その気がある程度良くないとキチンとした装置の起動が出来ないようなのです。

それでも日本は地下にある水晶のおかげで他の国々とは異なり、随分気がいいのですが、完成度がまだまだイマイチのようです。

日本の装置が完全に動く時、「最終的な終わりのため」に稼動していきます。

それがいかに大事かということを西郷隆盛（とその集合魂）は知っているのです。

しかし西郷隆盛としてあの幕末の時代に出たということは、やはり人間としてあの時代の日本に関わりたい、あるいは関わらなければならなかったということがあるようです。

彼は日本をどういう方向に持っていきたかったのでしょうか。

「一元国家にしたかった」

日本をまとめ上げたかったということのようです。

それはあの時活躍した人たちはみんなそうだったと思うのですが、西郷さんの場合はもっと根底からやりたかったのです。

他の皆さんは「自分たちのところが日本という国を牛耳ってしまえば良し」という割と狭い了見だったのですが、彼の場合は日本国土に根差すというもっと広くて深い感じがありました。

●西郷さんはそれだけの使命がありながらなぜ亡くなってしまったのでしょうか

「限界だったのよ」

「体力も気力も限界だったから」

●難しい時代だったんですね

「そうね」

●西郷さんや竜馬が残っていればもっとましな…

「そうだねぇ」

「ま、はっきりいって無能ばっかり残ったからね」

「（ちょっといい過ぎたという感じで）陰始が操りやすい人間しか残らなかったといった方がいいか」

●でも竜馬も陰始に操られていたんですよね

「そうだけどね…ま、意志半ばで倒れたんだろうね」

「そういう人もたんといるからね」

西郷さんは「日本を守りたい」ゆえに、

「いる」

を表明しています。

その「守りたい」は同じような竜馬の「守りたい」とは少し異なり、水晶との関わりが濃いですから、もっと根本的に日本を何とかしたいというのがありました。

第31章　秦の始皇帝

中国史上初の皇帝
生没年：BC259〜BC210
出身地：邯鄲市（中国）

13歳の時に先代の荘襄王（子楚）が死去したことから秦国の王に即位、BC221年には中国を統一し戦国時代に終止符を打つと従来の封建制を廃して郡県制を採用したほか度量衡の統一や交通規制、焚書坑儒を行い徹底した国家管理体制を確立した

在位中、多くの国民の犠牲の上に「万里の長城」「秦始皇帝陵」「阿房宮（未完）」などを建造、晩年は神仙の世界に傾倒し、不老不死の道を探究したといわれる

秦の始皇帝に関しましては史実に基づかないややこしい事情があり、彼が地球に残るか残らないかという判断は明確に出来ないものがあります。

しかし通常の観点からしますと彼は、

「残らない」…「残れない」という状況にあるといえます。

秦の始皇帝は49歳で亡くなったとされていますが、実際はまた別な事実がそこにあり、周から秦の時代にかけて繰り広げられた想念界と地上の通常では知り得ないドラマが展開されていました。

それでは世界史上誰もが知る秦の始皇帝という中国における最初の統一者としての履歴を調べていきます。

中国統一者としての汚名

秦の始皇帝に対して私を指導される方たちは、

「中国全土を侵略というか、統一したという形での汚名だね」

という表現をされます。

統一者である英雄とかではなく、まさに陰始の手先として、恐怖と殺戮により統一することが正義であると世界に広めたこと…それがまさに「汚名」であると断定されます。

それ以降それがすべての善悪の基準として認識されるようになってしまったのです。

過去にもそれ以降にももっとたくさんの人を殺した者はいましたが、統一するという名の下にすべてのマイナスなことを正当化してしまったということ…つまりそれまでの「やっちゃいけない」とか「そこまではしてはいけない」というマイナス要素に統一というお題目の元に「やるべきこと」「やむを得ないこと」というプラスの方向性を与えてしまったということです。

始皇帝が統一するまでも確かにいさかいはありましたし、戦もありました。

しかしそこまでアンバランスではなかったのです。

まだどこか牧歌的な世界がベースにあり、陰始も網目を張り巡らせてはいましたが、そこまで密ではなかったのです。

貢物や税金のようなものもありましたが、まだ人々が生きていける税金でした。しかし秦の時代になると、身分制を確立し、律令制度を作り、効率的にエネルギーを奪うというシステムを確立しています。

その管理のシステムを作ったということ、そしてその「管理」が善であるということを知らしめたということ、それが始皇帝を「統一者としての汚名」たらしめています。

それにしてもわずかな時間で中国を統一し、一気に律令の土台までを作り上げてしまった始皇帝は管理の天才といってもいいかも知れません。

始皇帝の正体

そして彼の成したそのことがその後の世界の雛形《ひながた》を決定的にしていったということがあります。

彼の履歴をたどる前に彼の魂の源を明らかにしておきます。

始めに彼の情報を収集し始めるとプンプン臭って来るのがサタン臭です。

エゼキエルやアスタロトなどの名前が出てきますが彼らは始皇帝の周りを固めていた者たちでした。

始皇帝の周りには頭が良くて若くて溌剌としていて、始皇帝に賛同する者たちがあちこちから集まっていました。そういう者たちを集めることが出来る存在とは一体いかなる者だったのでしょうか。


確かにサタン臭は強いのですが、どうもサタンではないようです。

この手の存在は中々自ら名を明かそうとしません。そこでサタンの直属の配下の名をいくつか上げてみますと、始皇帝はルシフェル（ルシファー）と判明します。


さて始皇帝の正体がルシフェルと判明したところで、彼の履歴を大まかにたどっていこうと思います。

始皇帝の父（子楚《しそ》）は秦の隣国である趙《ちょう》に人質として軟禁されていました。

人質ではありましたが、秦にとってもそれほど大事な存在ではなかった彼の当時の状況は、故郷である秦からもすでに見放され、趙の人質で不遇な時を過ごしていました。そこに商人である呂不韋《りょふい》という存在が絡んでくることで一気に子楚の運命が明転します。


子楚は呂不韋に盛り立ててもらった上に、呂不韋の妾である女性（趙姫《ちょうひ》）を気にいってしまいもらい受けます。

そして彼女との間に出来た子供が後の始皇帝になります。

史書では名を「政」としていますが、本当の名は伝わっていません。

母親などはニックネームに近い感じで「ニーグイ」のような発音で呼んでいました。政は子供時代に主に父の周囲にいる女性たちから人の操り方、国の統治の仕方などをことあるごとに教わります。

元々の才能もあり政が9歳ごろには「中国を統一したい」と思っています。それも中々具体的で常に「こんな風に国を造る」というシミュレーションをすでにやっていました。そして実際に戦をしたのは彼が16歳の時でした。

そこからは連戦連勝で一気に中国統一にもっていきます。もちろん彼一人ではそういうことは出来ませんが、中国統一を果たすにはどうすれば良いかというシミュレーションを小さな頃からやっていますから、着々とそれに従って実現していきます。

例えば中国全土から身分を問わず優秀な人材を広く集め、登用していくことで、形骸化していた身分制度による政治や行政の母体が強化され、律令国家としてのシステムが速やかに構築され、また戦いにおける戦略も迅速・巧妙になり、次々と他国を占領していっています。

ちょっと入り組みますが、ここで始皇帝の父（子楚）の境遇の変遷を簡単に記しておきます。

秦の人質として趙に軟禁されていた子楚ですが、秦では人質の彼のことなど構わず趙を攻めたため子楚は処刑されかけます。しかし番人を買収して何とかその難を逃れた子楚でしたが、妻と子（政・後の始皇帝）は一緒に逃げられず、彼らも牢屋の番人を買収して、独自に死線ギリギリをかいくぐって逃れています。

やがて秦では王の交代劇が目まぐるしく行われ、あれよあれよという間に政の父である子楚が秦の王になってしまいます。

子楚が趙で人質として不遇の日々を送っていた時「こいつは金になる」と目をつけ、背後から援助して来ていた呂不韋は子楚の出世と共にその力をグングン増していきます。

この歴史の経路をたどっていますと、どうしてもその背後に何かしらの明確な意図が見え隠れしています。

その意図を操るものはサタン系の者たちでした。

もちろんメインは始皇帝であるルシフェルですが、彼を始皇帝として祭り上げるために何かと援助していたのはサタン系のつわもの達でした。

政の父が秦の王となってわずか3年で死去し、その後を継いで13歳の政が王に即位しています。そして呂不韋もさらに高い位について政をフォローしています（もちろん自分のビジネスの方も権力を持つとともに拡大していきます）。

呂不韋《りょふい》

ここで呂不韋について少し詳細を書いておきます。

時系列が多少前後します。


すでに少し書きましたが政の父である子楚が敵国の趙で人質になっていた不遇の時代に、子楚に目をつけ多額の投資をおこなっています。また子楚を大事に扱っていなかった秦の王朝内にも金にものをいわせ「彼（子楚）はとても出来る人物だ」というようなことを吹聴しています。

その結果子楚はトントン拍子に秦の王になりますが、呂不韋もそれに伴って出世していきます。

ただこの呂不韋と子楚との関係でややこしいことがありまして、これもすでに書いておきましたが、子楚が呂不韋のお妾さん（趙姫）を気に入ってしまい、もらい受けた結果、その間にできた子供が政でした（B

C259年）。

政（始皇帝）にとって母親であるこの趙姫が、非常に淫乱な性を持っていたため、呂不韋と再び関係を持ってしまっています。

こんなことが始皇帝にばれたらたちまち首が飛んでしまいますから、何とかしなければと呂不韋は悩みます。そんな時諸国から集めた人材の中に嫪毐《ろうあい》という男性性器が大きいと噂のある男を趙姫とくっつけます。そんなことをしたら火に油だと思うのですが、案の定趙姫は狂ってしまい、二人の子供まで産んでしまいます。

呂不韋は、これはまたとんでもないことになったと嫪毐と趙姫を地方にとばします。

それでもやはり始皇帝にはばれてしまうのですが、そのタイミングで嫪毐が謀反を起こします。もうメチャクチャですが、結局は捕まって殺されています。

この時呂不韋《りょふい》も本当は処刑されるところでしたが、周りの者たちが「助けてあげなさい」と進言した事と、始皇帝にとっては父親と自分の恩人ではあったので遠島ではないのですが、僻地に流すことで収まります。

この始皇帝の寛大な処置には隠れた事実が存在します。

それは始皇帝の本当の父親は子楚ではなく呂不韋だったということでした。

子楚が呂不韋の妾であった趙姫を、駄々をこねてもらい受けていますが、実はその時にはすでに呂不韋の子供が趙姫のお腹にいたのです。まだ一ヶ月か二ヶ月になるかならないかでしたから子楚は全く気付いていませんでしたが、政（始皇帝）は薄々気づいていました。

そこで通常なら殺してしまうような罪を犯した呂不韋を寛大な処置でとどめていたのです。

ちなみに呂不韋はサタン系の眷属でバールというものでした。

死んでいなかった始皇帝

ここでまた始皇帝に戻ります。

彼が亡くなったのは史実では49歳の時とされていますが、実はそこでは死んでいなかったのです。

49歳で死んだのは始皇帝の影武者でした（BC210年）。

その頃始皇帝が各地を巡行するときなどはすべて（複数の）影武者がやっていました。

49歳の時の巡航の際、小規模の反乱軍といいますか、暗殺に近い襲撃があり、そこで始皇帝の影武者が殺されています。

つまり本物の始皇帝は生きていたのですが、その時本物も姿を消しています。それでそのまま「始皇帝は死んだ」ということになっているのです。

中国を統一し、これから好きなだけ自分のやりたいことが出来るという時に、何故始皇帝は姿を消したのでしょうか。

実は私が始皇帝を収録し始めた最初の頃、何の予備知識もなく「始皇帝はいつ死んだのでしょうか」という大雑把な質問をしていました。

そしてそのお応えは「還暦（60歳）を過ぎて老衰で…」という感じでしたが、史実を調べてみると49歳が寿命だったのです。

そこから色々調べてみますと「影武者」の存在が明らかになってきたということでした。

さて本題に戻ります。

影武者が殺された機に乗じてなぜ本物の始皇帝は世の中からその姿を消したのでしょうか。

そこには地上界の事情と想念界の事情が深く絡み合っていました。

ルシフェルのこだわり

この本では始皇帝の正体はルシフェルとしていましたが、実はこの49歳の暗殺時にルシフェルが始皇帝の肉体から抜けています。

それまで政（始皇帝）にある意味憑依していたルシフェルがこの時抜けてしまっていたのです。

それは何かの除霊とか霊媒師によるお祓いとかで抜けたのではなく、ルシフェル本人の意思で始皇帝から抜けています。


始皇帝は中国を統一し（BC221年）、（その時代の人間が成し得る）ほぼ無限の力を手に収めていました。

統一するまで、あるいは統一後の反乱、また戦だけではなく律令という制度を国中に浸透させるために、多くの人々の血が流れ、苦しみと悲しみ、恨みと怒り、恐怖が世界にはびこったのです。

そしてそれはルシフェルのこだわりでもありました。

ルシフェルが始皇帝に入ったのは始皇帝が母親のお腹にいる時でした。

政（始皇帝）という肉体を選んだのは、政がものすごい覇気とエネルギーを持つ子だったからですが、その覇気が49歳の頃の始皇帝にはまったく無くなっています。
それはルシフェルが抜けたから無くなったということではなく、覇気を無くした始皇帝に愛想をつかしてルシフェルが自ら抜けたということでした。

それではルシフェルは始皇帝に憑いて何をしたかったのでしょうか。

月読之大神
「ルシフェルの教義と言ったらいいのかな…ルシフェルが生き易いシステムを作りたかったみたいだね」

●（私）
それはどういうシステムでしょうか

「基本的には殺戮の上にある純粋な喜び」

「あれは中国大陸でずっと踏襲されてきたよね」

「それを継承しただけ」

●そうですね、別に新しく作ったわけではない…ではなぜわざわざ出て来たのでしょうか

「システム作り」

●殺戮のシステム作りですか

「殺戮というか、そこから出て来るエネルギーが好きみたいだよ」

●それはどういうエネルギーなのでしょうか

「例えば恐怖などだけど…血だね」

「血の匂い」

「血のフェチじゃないけど、すごくそのエネルギーにこだわるね」

●「宇宙全史」第一巻でサタンを収録した時もやはりサタンは血にこだわっていましたね

「ものすごく濃い感情は血に色濃く反映し、それを美味しく感じる存在がいるんだね」

●血を飲むんですか

「飲むわけじゃないけど、ただ流されたというそのシーンの濃さというのかな…そのエネルギーを受け取っているね」

●ルシフェルは殺戮が好きだったんですね

「だから殺戮が出来るようなシステムが作りたかったんだね」

●でもみんな殺してしまうといなくなってしまいますよね

「羊を飼っていてもいいけど全滅しないように屠《ほふ》る…だね」

●サタンも同じなのでしょうか

「サタンはもうちょっとクールだね」

「血は好きなんだけどもっと違う意図がある」

●どういう意図でしょうか

「もう少し冷血」

「私（サタン）の意図に染まらないものは殲滅《せんめつ》」

●殲滅ですか…

「この世を滅ぼしたい…という思いが強いね」

サタンの嫉妬

ここでちょっとわき道にそれますが、サタンについて「宇宙全史」第一巻で書ききれなかった部分に触れておきます。

すでに明らかにしておきましたがサタンはエル・ランティが3億6572万年前地球に来た時に自分自身をパイトロンで分裂してできた存在でした。

その時彼らは地球を上と下から統治していこうと意図していましたが、膨大な地球入植者たちを治めるにはいかんせんエネルギーが足りませんでした。

またエル・ランティもサタンも共に「妬み」といいますか「嫉妬」のような感情に囚われてしまい、方向性は異なりますが、その劣等感に囚われたまま以後突っ走ってしまったということがあります。

それではサタンの嫉妬とはいかなるものだったのでしょうか。

●エル・ランティは陰始に取り込まれたのでしょうか

「そうだね」

●それではサタンは何に取り込まれたのでしょうか

「妬みとかではあるんだけどね…純粋な感じだよね」

●純粋な妬み？…妬みとは自分にないものを羨ましがることですね・サタンにないものとは何だったのでしょうか

「寵愛《ちょうあい》だよ」

「寵愛がうらやましかったね」

●神の寵愛？

「そうだね」

●神なんてどこにもいないのに…

「エル・ランティと分かれた時点で「分割された自分」というのがすごくこう見放された状態というのかな…愛からポンって外されたというか…」

●愛から？

「愛されていない」

「必要とされていないと思ったみたいだね」

●それは…エル・ランティを羨ましいと思ったのでしょうか

「そうみたいだね」

●エル・ランティは神に愛されていると思ったんですね

「思っているね」

●それは何かバカっぽいですね…サタンってあれだけ賢いのに…分からないのでしょうか

「すごい切れ者なのに分からないのね」

「そこは愚かだね」

●「エル・ランティは神に愛されている」と思って、そこを妬んだのですね
そこから「神がいるなら罰してみろ」みたいな感じで拗《す》ねてねじ曲がっていったのでしょうか
それではエル・ランティは何を妬んでいるのでしょうか

「エル・ランティの方は単純だよね」

「自分より上のものを妬んでいる」

「力があるものとか尊敬されるものとか…」

「自分ではない良いものを持っていると思われるものを妬む」

「すべてのエネルギーと、すべてのものが自分に集まってないと嫌というちょっとわがままな感じの思いがあるね」

●すべてが欲しいだけ…駄々っ子ですね

エル・ランティよりもピュアではありましたが、サタンも所詮はエル・ランティの片割れでした。

先ほどサタンの意図は「殲滅《せんめつ》」とありました。

その意味は何だったのでしょうか。


意味は「滅ぼす」ということですが、そこには「滅びたい者だけを滅ぼす」ということがあります。

これは陰始の意図とは真逆になります。

陰始は「滅びたくない者も滅ぼしたい」という意図ですし、エル・ランティの意図も陰始に準じて「滅びたい者も、滅びたくない者も滅ぼしてしまう」意図になります。

エル・ランティは表面意識ではいいことばかりいっていますが、結局は陰始の意図にまみれてしまっているのです。

そういう意味でサタンの方がエル・ランティよりもピュアだといえます。

初めのうちエル・ランティは陰始の方を逆に取り込んでやろうと思っていました（存在は感知していました）。

しかし逆に取り込まれてしまっています。

エル・ランティをバカだったというより陰始が巧妙だったといえます。

陰始は人類誕生の3億8542万年前に入って来ています。

エル・ランティは3億6572万年前ですから、陰始の方が早く地球に入り、待ち構えていたといった方がいいでしょう。

ここからは少し本書の意図とは外れますが、陰始についての本質的な問答になりますから参考のため書いておきます。

月読之大神

「陰始ってさぁ、自分じゃどうにも出来ないから取り込むしかないんだよね」

「だから強大なエネルギーを持った存在をいつでも待ち構えてる」

「それがたまたま…たまたまじゃないんだけどさ」

「エル・ランティは標的だったよね」

●そこから地球入植者たちが次々とありましたが、それもすべて取り込んでしまっているのですね

「そういう地場（結界）を地球にちょっと編んじゃったからね」

「早いもの勝ちだけどさ」

「知ったもの勝ち」

●でもそれはそういう結界を編むようにさせたのではないのですか

「まぁそうね」

●「編んじゃった」と仰いますが、人類誕生の時に陰始の種を埋め込んでいるわけですから

「これはちょっと競争だったのよね」

「誰が最初に気づいて誰が埋め込むかっていうのはさ」

●え、気づく他の存在ってあったのでしょうか

「気づければ…」

「でも、そういう邪《よこしま》な意図を持っていたっていう意味では陰始がダントツだったから陰始しかなかったよね」

●いやいや…邪じゃない意図を持っている存在もいたんですか？

「いた」

●その結界を張ることができる？

「うーん…」

「陰始以外、邪な意図を持ったものはいなかったからいないよ」

「結界を張るなんていう意図を持ったものはいなかった」

●いやいや、「結界を破る」という意図を持ったものはいなかったんですか？

「いなかったね」

●それじゃあ競争でもなんでもないじゃないですか

「競争」だったと先ほど仰いましたけど、他に相手がいないのですから早い者勝ちでもないですよね

「陰始の中での競争っていう意味だったね」

ここまでの問答を見ていますと月読之大神に分がないように思えますが、おそらく実際はまだお答えしておられない何か深い事情がある感じがしています。

そのあたりが察せられないとこの宇宙の深層には中々たどり着くことが出来ないかもしれません。

不老不死

ここでお話を始皇帝に戻します。

あれほどエネルギッシュに中国を統一した始皇帝の覇気が無くなってしまったのはルシフェルが抜けたからということでした。

その理由を調べました。

そのためにルシフェルの有り様をまず書いておいたのですが、ここからは始皇帝と呂不韋、ルシフェルたちが絡んだ天下統一の裏に隠された確執が明らかにされていきます。


始皇帝は天下を統一し、やりたいこと、やるべきことを成し遂げたという頃、影武者が暗殺される前から「いつまでも生きていたい」と考えるようになっています。

最初は中国を統一したのはいいのですが、それを維持するのはもっと大変だったということがありましたし、始皇帝は中国だけではなくモンゴル方面もインドからトルコあたりまでも征服していきたい、あまねくどこまでも征服していきたいというアレクサンダー大王のような意図を持っていました。

そのためにも若さとエネルギッシュな肉体はどうしても欲しかったようでした。

日本人がよく知っている徐福という学者に「東方に仙人がいるから行って不老不死の薬をもらって来なさい」と派遣していますし（BC221）、他にもそういうような噂があればあちこちに色んな人間を行かせて探索させていました。

（多くの学者や探検家が不老不死の薬や仙術、仙人、道士を求めて派遣させられています。そして「見つけるまでは戻るな」という命を受けていましたので、その中で戻った者は一人もいなかったのです・ちなみに徐福が日本に漂着したのは丹後でした。そこから陸路を南下しています）

他にも少しは健康にいいまともな漢方薬や怪しげなドラッグのようなものまで手に入れては実際に服用もしていました。

その中でもナチュラルなものは怪しげであってもまだよかったのですが、合成麻薬のようなケミカル系のものには毒性が強くあり、特に水銀を含む（何とか丹という名称のものはほとんどです）合成品は精度が低く毒薬に近いものがたくさんありました。

またそういうことが出来るという仙人を探し出そうと手をつくして色々活動をしています。

すでに書いておきましたように始皇帝の影武者が暗殺されたのを機に、本当の始皇帝は世間から身を隠し、本格的に「生きながら仙人になる」という修行といいますか…楽してそういう境涯になりたいため、主にドラッグや秘教とされる民間伝承を追い求めます。

暗殺を機に始皇帝は（殉死という形で）多くの側近を連れて一緒に消えています。もちろんお金は潤沢に持っていて、すべてあちこちに金の粒として保管してありましたので、その後も好きなことを好きなだけやることは出来たのです。

とにかくバイタリティだけはありましたからそっち方面にもものすごい精力で突き進んでいます。

初めのうちは割とまともな薬も修行法もあったのですが、次第におかしくなっていき、最後の方で「大地の気脈・龍脈」のエネルギーを（固定して）取り込もうとした修法で、取り違えてしまい、その反動が「呪い」のように来ています。結構大がかりな法術でしたが不完全だったため呪い返しにあっています。最終的には始皇帝の身体はミイラのように憔悴し、そのまま老衰ではないですが、亡くなっています。

この始皇帝の動きにルシフェルは嫌気をさし抜け出ていたのです。ルシフェルの言い分は、

「俗に落ちた」

「くだらない人間になってしまった」

聖性を求めてはいないのですが、若さや寿命に執着するその有り様は、あまりにもくだらなくなってしまったと思っています。

そういうところにルシフェルという存在のシャープな感性が垣間見られます。

ここで再び呂不韋の消息をたどります。

実は彼も始皇帝と同じように不老不死、あるいはスーパーマンのような仙人願望を持っており、そちら方面に触手を伸ばしていました。

彼は趙姫（始皇帝の母）と不倫？して地方にとばされましたが、最終的に自殺をしています…が、普通の自殺ではなかったようでした。

彼も以前から魔術っぽいことに興味があり、やはり不老不死の薬や魔術関係のものに精通していたのです。

彼が最後に飲んだ薬にやはり水銀が入っていたためそれで亡くなっていますが、それが「生贄《いけにえ》」に近い自殺のようなものだったのです。

呂不韋には変身願望があり、不老長寿もそうですが、この薬を飲むことで始皇帝を超える人間になりたいとも思っていました。確かに「生贄」という思いもありましたが、そこに「生まれ変わる」という意識があったからでした。

これまでずっと色んなものを集め、研究をして来てやっていたので、今の自分を犠牲にして生まれ変わってスーパーマンになるという自信はあったようでした。

しかしそれは猛毒、劇薬でした。

呂不韋に自信はあったのですが、中身がキチンと練れたものではなく甘かったのです。

粋を集めたはずのものがそもそも全然というレベルだったのです。

呂不韋は商人もしていましたからバランス感覚もよく、そっち方面に傾倒していっても最初のうちはまともだったのです。しかし始皇帝のそばにあって「権力」という魔法に次第に感覚が狂っていきます。

呂不韋のこういう情報（不老不死）が始皇帝にも及び、始皇帝が負けじと探し求めると、それがまた呂不韋にも影響し、お互いそうして負のスパイラルに入っていってしまっています。

始皇帝の死

最後はミイラのようにスカスカになって亡くなっています。

本当は人間じゃないものになってでも永遠に生きる、生きられるというはずでしたが、変質一歩手前のミイラのような状態で死んでいます。

それは彼が望んだ若々しくて万能でというような有り様ではなかったのです。


今始皇帝は集合魂には戻っていません。

幽冥界でボーっと一人でいます。

本来戻るとしたらルシフェルの集合魂に戻るのですが、そもそもすでにルシフェルの集合魂は受け付けないようになっています。

ですから守護霊が助けに行くとかもなしで「放置」という状態です。


万が一何かの僥倖で彼が気づいたとしてもルシフェルの集合魂には戻れず、堕ちた仙人が集まるような所があり、そこが彼の最終的な行き場所になるかもしれません。

ルシフェルの集合魂はそういう切り捨てをよくやります。

同じ集合魂の出だからといって情というものがあまりないというのがルシフェルの特徴です。

第32章　ジョン・レノン

ミュージシャン
生没年：1940〜1980
出身地：リヴァプール（イギリス）
　1962年に「ザ・ビートルズ」のメンバーとしてレコードデビュー、以後「抱きしめたい」「ヘルプ！」「愛こそはすべて」など数々のヒット曲を世に送り出した
　1970年にビートルズを脱退（解散）した後も音楽家としてソロ活動を続けオノ・ヨーコ夫人とともに平和活動に精力的に取り組んだが、1980年、自宅前にてマーク・チャップマンに射殺された

実体のない世界

彼は今幽冥界にいますが、そこでこの地球に残りたいのかという質問をしましても、こちらを向くということがないのです。
何かに気をとられているという印象なのですが、一体何に気をとられているのでしょうか。
それは「人」とか「世界」ではあるのですが、現実的な世界や人ではなく、「自分の理想としている世界」に強烈に気をとられているのです。

「それ以外の世界はいらない」

他は全く眼中にはないといった感じでいます。

かれは生前現実の世界を否定して「戦争はダメ」とか「ピース、ピース」とやっていましたが、どうもそういうビジョンの世界を望んでいるようです。
ただその世界が薄っぺらいといいますか、空っぽの世界で、実体のない空虚な印象を受けます。
そんなわけで「この地球で生きたいの？」と問うてもこちらを向かないのです。

それでは彼は「消えていく」「滅びていく」方向を選択しているのかといいますと、そう断定的でもなく、ハッキリ「ＮＯ」という言葉もないのです。

どちらかといますと「無視」に近い感覚で、なんとなく「尊大」になってしまっているエゴも感じます。

確かにビートルズといえばグループを解散するまでは、圧倒的な世界的人気と支持を集めていましたから、やむを得ない部分もあるのですが、彼の望む世界を、その自分の世界を構築していくという意思はないようです。

どうもそこまで強くはないのです。

どちらかといいますと、

「自分の思ってる世界が一番なんだからこっちにみんな向けよ」


自分が振り向くのではなく、みんながこっち向けの様な感じです。

求心するほどの力はなく、集めるまでの渦も感じられず、自分だけがその世界にいるのです。

ただ先ほども書きましたが、それならばこの世界（地球）を去るのかと問うと「NO」ではないのですが「YES」ほど強くはないのです。

やはりエネルギーをとられているのが現状で、周囲とのコンタクトをすべて遮断されています。

もちろんそうしているのは陰始ですが、彼はどこで陰始との関わりを持ったのでしょうか。

音楽の女神ミューズ

1968年頃にビートルズはメンバー全員でインドにいっています。

リンゴはすぐに帰国していますが、ジョンとポールは予定通りにインドに滞在していました。

ジョンが師事していたマハラジは俗物でしたが、ジョージ・ハリスンが深く関わったシタール奏者のラヴィ・シャンカルを通じて音楽の女神ミューズとつながっています。

（ミューズというのはギリシア語のムーサから来ていますが、そのムーサは芸術を司る9人姉妹の神々です。もちろん中には音楽の担当者も何人かいますが、ジョンは濃い薄いはありますが9人全員とつながっています）

この時にジョンの潜在意識は陰始とつながり取引をしています。

そこで「片足を突っ込んだ」という表現になるのですが、そこからエネルギーをとられていくようになっています。

ジョンの表面意識も薄々それを感じていて、つながりがなくなりその音楽の神に見放されると自分のインスピレーションがなくなってしまうといまだに思っているのです。

しかしそこにくっついている限り彼の「（エネルギーの）求心力」というのは回復しないようになっています。

ジョンは1980年にニューヨークのダコタ・ハウスの入り口でマーク・チャップマンに射殺されています。

これは陰始がやっていました。

射殺という事で世界の求心力が一気に集まり、それをかすめ取るためにやっています。

もちろんジョンだけではなく強弱はありますが、ビートルズのメンバー全員からもエネルギーを奪取しているのです。

オノ・ヨーコ

ジョン・レノンの奥さんであったオノ・ヨーコさんですが、彼女はどうなのでしょうか。
この方も似たような感じで、

「自分の思う世界でなければならない」

その世界とは、

「理想」

その理想とは、

「作品の全てを認めてくれる世界でないといらない」

そんなわけで彼女は、

「（この地球には）残りたくない」

としています。


私はあまり知らなかったのですが、どうもこの方もアーティストのようです。

そして彼女の表現したい世界というものが、陰始にとっては操りやすい世界のようで、イベントといいますか一種のファッションといいますか…観衆の前でジョンとベッドインするというパフォーマンスをした事など、見せびらかすといいますか、自己顕示欲に近いもので、それをアートだと思っています。

そしてそういう世界を維持したい、それを認めてくれる世界だけが欲しいと思っているのです。


とにかく耳目を、注目を集めたいというのが強くあります。

陰始にとってはとても美味しい素材のようです。

アーティストの集合魂

ジョン・レノンを調べていくうちに奇妙な事実に気づきました。

今ジョンは幽冥界で自分の世界に一人でポツンと閉じこもっています。

あまり暗い世界ではないのですが、閉じこもるといいますか、バリアを張っている感じです。

「外の世界は見たくない」

どうもそれが心地いいという事のようです。

ここでジョンの集合魂がどんなものか確認してみました。

そうしますと、

「自分の世界以外はあまり見たくない集合魂」

「心地いい自分の世界を大事にする人たち」

アーティストらしい、いわゆる自分勝手な集合魂ですが、しかしそれはそのままジョン個人にも当てはまるものです。

そういう傾向性を持つ集合魂から出た魂（小魂）は中々集合魂には戻れないのではないかなと思いますが、どうもジョン自体が集合魂といいますか、その魂自体が集合魂という位置づけがなされているようなのです。

分かりにくいのですが、私たち人類はこの地上に出て来るときは、一旦6次元界にある自分の大元の集合魂という塊から放出されてきます。

それはこの地球では因果律に近いようなセオリーだと思っていたのですが、どうもアーティストの集合魂というものはそのカテゴリーに入らないようなのです。

さらに調べていきますと幽冥界にはそういう「どこにも所属する場所がない魂がたくさんいる」という事が分かってきました。

それを「はぐれ集合魂」とでもいうのでしょうか…そもそも集合魂のカテゴリーに入れていいものかどうかさえ疑問ですがそういう存在がありました。

そしてそのような集合魂（大きめのエネルギーを持ったほぼ単独に近い魂ですが）は、芸術家に多いという事も判明しています。

そしてそうしたアーティストの集合魂（魂）は、幽冥界の外れにある場所にまとまっています。

ピカソやダヴィンチも同じく芸術家の集合魂とされますが、やはりほぼ単独でエネルギーが非常に大きな魂です。

ジョンと異なり彼らはエネルギーが大きいので幽冥界の中でも、上から下まで割と自由に行き来できるようになっています。つまり一般的な集合魂がいる6次元界に近いところまでも行けてしまうというような場合もあるのです。

それではビートルズの4人はすべてそのアーティストの魂にカテゴライズされるのでしょうか。

そこを少し調べてみました。

そうすると一応4人はアーティストの部類には入りますが、一個一個の大きな魂を持っているのはジョンだけでした。

あとはジョージ・ハリスンが弱く持っていただけです。

残るのか

色々書いて来ましたが、結局彼は地球に残るのでしょうか、残らないを選択しているのでしょうか。

今の心境を深く見ますと、どうも地上に残した子供のことが気になっています。

つまり、

「見守りたい」

という情が彼をして「残る」方向に傾けていますが、まだまだ微妙なところです。

ここでいうところの「情」には2種類ありまして、自己憐憫を土台にしたマイナスの「情」と、愛や慈しみをベースにしたプラスの「情」ではその持つ意味が全然異なってきます。

マイナスの方に高じてしまいますと自分が空っぽになってしまうので、地球には残れないでしょう。

逆にプラスの情ですと残れますが…どうもそのあたりが微妙なところのようです。

第33章　紫式部

平安時代の作家、歌人
生没年：980頃〜1020頃
出身地：不詳／現在の京都府？（日本）

藤原冬嗣の後裔、越前守為時と右馬頭・常陸介藤原為信の女（むすめ）との間に生まれる
19歳頃から歌を詠み、999年に右衛門権佐藤原宣孝と結婚するも数年後に死別、その後中宮彰子に仕え、日記（『紫式部日記』）をつけながら長編小説『源氏物語』を書き上げた
宮仕え後の消息は不明

清少納言と紫式部

清少納言と紫式部は色んな場所で比較されていますが、実際は二人は顔を合わせたことはないようです。

二人とも一条天皇の奥さんに仕えた女性ですが、清少納言の方が先に仕えています。

清少納言が仕えた定子さんが亡くなり、清少納言もお役御免となりまして、その後一条天皇は彰子さんを妻にしています。

その彰子さんに仕えたのが紫式部でした。

ですから二人は会ったことはないのですが、清少納言が「枕草子」で紫式部の旦那やその周りのことを少し揶揄《やゆ》して書いていたのを見て、紫式部も後に「紫式部日記」で清少納言のことを「品がない」「もっと女性っぽくこう書くべき」と書いています。

二人の性格はだいぶ異なっており、紫式部は結構きつい性格で「私は」というのが強い人で、

「私はわきまえている」

「知ったかぶったりしないし女性としてのたしなみとか距離感」

「そういうものも私はわきまえている」

彼女は小さい頃はお転婆だったのですが、周囲にギュッと締め付けられています。

そこで学んで、

「自分は機転がきいて賢いからそれを逆手にとって隠してきた」

「でもあの人（清少納言）はひけらかして狡い」

自分もそうしたいけど出来ない。

そんな感じの一種の嫉妬を感じているようでした。

清少納言はちょっと発達障害のような所があって、人の気持ちとか空気があまり読めなかったようです。

ただ羅列するエッセイといいますか、思ったことをそのまま出してしまう…いうならば現代風の女性でした。

それを自由といっていいのかとは思いますが、それが紫式部は少し羨ましかったということのようでした。

清少納言は割とさっぱりした女性でしたが、紫式部は内部では妬みや嫉妬が結構渦巻く女性でした。

でもそれを表に出すのは嫌だという見栄っ張りでもあったのです。

だからこそ「源氏物語」が書けたのだということもあります。

本当の名前

日本文学研究者の上原作和氏は、紫式部の夫である藤原宣孝に、

ももという

名のあるものを

時の間に

散る桜にも

思いおとさじ

という歌があり、
その「もも」というのが紫式部の幼名、通称かも知れないとしています。
その事実を知る前に私に降ろされた式部の幼名、通称が、

「おも」

でした。

「おも様」と周囲から呼ばれています。

「もも」と「おも」では似てはいますが、やはりちょっと異なります。

何故なのかを検証してみました。


結果、書き文字は「もも」でした。

当時の女性名には植物や果実の名称がよく使用されていましたので、「桃」の「もも」が正式な名前です。

ただ呼び名は「おも」が正解でした。

ある一定の身分が上の人たちは、自分の幼名や通称（実名）を公表したくないという習慣があったようです。

それは「名前にかけられる呪い」などを忌み嫌うということが大きく作用して、本名を呼び合わないという暗黙の決め事（慣習）がありました。

それに加えて、訛りに近い言語変質があり、「もも」を「おも」と変換されたままで、発音時の通称にしてしまっているということがあったようです。

「おも様」と呼ぶのは周囲の親しい人たちだけで、通常は夫の官名（中納言）、役職（正五位）で呼んだり、自身の式部を付けて「藤式部」、あるいは単に「式部」としていました。

また自宅のある通りの名前や住所で呼ばれることもあったようです。

紫式部の容姿

確認してみますと、

「普通」

と出て来ました。
ただし当時の美人は、しもぶくれのぽっちゃり系がすごい美人ということですから、当時の人並みはブスではなく、今でいいますと割合美人の部類に入る方でした。
ほっそりとしていて、キリッとした顔立ちで、今だったら立派な美人でしょう。

近代に出ていた紫式部

色々検証してきましたが、紫式部は新しい地球に残るのでしょうか。

「生きたい」

とお答えがありました。
彼女はすでに集合魂に戻っていますが、印象として集合魂自体が女性の集団のような感じがしますが、そのあたりはどうなのでしょうか。

そもそも集合魂に女性系、男性系というのはあるのでしょうか。

確認してみますとそこにはあまり確固とした性は存在しないようです。

彼女の集合魂は「女性の権利を主張する」という感じの…ウーマンリブくさい雰囲気を匂わせています。

ウーマンリブとは書きましたが、ちょっとニュアンスが異なるかもしれません。どちらかといいますと「気が強い系」の集合魂として良いかと思います。

「自分が何かやりたい」

「何かを出したい」

文学でも何でも、ちょっと目立ちたいという感じの雰囲気がありますが、ジョン・レノンの奥さんのオノ・ヨーコのひたすら「自分を出したい」、「自分を認めろ」というのではなく、自己顕示欲ではあるのですが、それなりに社会に影響を与えつつ、啓蒙もしていくという方向性があります。

それでは紫式部として出ていた時、彼女は（制約はたくさんあったでしょうが）納得した生き方が出来たのでしょうか。

聞いてみるとどうも納得していないようです。

それでも当時の女性としては結構注目を浴びて最先端をいっていたような気がしますが…

紫式部
「まだまだ、もっともっと」

どういうところで納得できていなかったのかを聞いてみました。

紫
「学問」

「もっと学びたかった」

「もっと制約なしに」

ならばあんな時代に生まれるよりも今の時代に出て来た方がよほどいいんじゃないのかな、と確認すると、

「もう出てる」

という意外なお答えがありました。

正確に表現しますと、

「出た」

という過去形で答えていますので、おそらく過去にすでに出ていたのかと思われます。

そこでここから検証に入ります。

まず場所はやはり日本に出ていました。

職業は女性で奥むめおという政治家をやっています。

ただ時代は近代ではあるのですが、今ではなくちょっと昔に出ています。

たとえ少しでも、以前の日本では女性の地位や権利は結構制約がありました。

制約なしでもっと自由にやりたいというのなら、どうして現代に出てこなかったのでしょうか。

そこを確認しますと、どうも思いっきり自由ということではなく、ある程度制約がある時をわざわざ選んで出て来たようでした。

奥むめお

・奥むめお
婦人運動家、政治家
生没年：1895〜1997
出身地：福井県（日本）

日本女子大学卒業後、労働組合期成会の機関紙『労働世界』の記者を経て「新婦人協会」を結成（1920年）、平塚らいてう、市川房枝らとともに女性集会の自由を認めない治安警察法第五条二項の改正を実現する（1922年）

その後、協会が内部分裂の末に解散するや自身の団体「職業婦人社」を設立（1923年）、雑誌『職業婦人』を刊行し、「婦人消責組合協会」の設立や託児所兼集会所「婦人セツルメント」を全国展開するなど生涯を通して婦人運動に取り組み、1947年〜1965年までの18年間は参議院議員も務めた

「むめお」という女性にしてはちょっと変わった名前ですが、書き文字は「梅尾」と書きますが、読みは「むめお」です。

紫式部の時が「桃」を「もも」と読み、呼び名は「おも」でしたから、何やら共通項がありそうですが、今回集合魂から派遣されて来た魂は紫式部の時の魂とは構成要素が異なりますから自ずとその生き方も異なっているはずです。

（魂の集合魂やそこから出て来る「小魂《こだま》（通常の私たちの魂）」の詳細は宇宙全史で学んでください）

時代的にはやはり女性が政治に参画するにはそれなりの制約があった時代でした。
その時代に男の政治家連中に色々いっているわけです。
「女のくせに」とか「女ごときに」とかいっている世界で、いきなりやっぱり認めさせたというのは画期的だったようです。

しかしどうも、

「なんでもありな時は燃えない」

「困難な時の方がエネルギーが湧いちゃう」

そういっています。
しかし本当は今（現代）が一番困難な時なのですが、圧力を困難とみなす集合魂ですから、分かりやすい時に出たという事がいえるかも知れません。

それにしても紫式部が奥むめおとは想像もしませんでした。
もちろん紫式部の時の魂そのものが転生して来ているわけではないのですが、7割くらいの要素はもって来ていますのでかなり近いともいえます。

それぞれの魂の要素が異なるとはいえ人の転生をはかることは中々難しいものでした。

現代に反映する藤原・源氏

この奥むめおを調べていますと面白いことが分かってきました。

奥むめおとして降りて来るとき、式部の時の周りの環境も引き連れて来ています。

つまり紫式部の同族といいますか、自分と関係にあった藤原一族を引き連れて出て来ています。例えば式部の旦那さんであった藤原宣孝、その後関係があった者なども共に出て来ていて、胸に勲章をつけている人などもいて（名前の特定が面倒でやっていませんが）それなりの政治家になっています。

そうして奥むめおとしてその時代に活躍できるようにバックからフォローしています。

清少納言などは逆に排除されていますから一緒には出て来ていません。

また式部の父母も出て来ていないのですが、これは政治閥的な関係者だけが奥むめおをフォローしようとして出て来ているのです。

また現代の政治家や経済人、企業家、地主などにも藤原一族、また源氏系、そして橘《たちばな》系も多数降りて来て活躍していますが（橘は源氏の裏に隠れるようにしていますが、そこそこ強い勢力を誇っています・なお平氏系はあまり出て来ていないようです）。

特に藤原系は呪術的な傾向が強く、抜きん出てエネルギーを他から巻き上げて、自分たちだけの派閥を時流に乗せるというようなことをしています。

これは集合魂としての塊ではなく、一種の派閥のようなもので、あの世であちこちの藤原関係の集合魂が、

「ちょっとまとまって出ていきましょうか」

そんな感じで降りて来ています。

（なお徳川や豊臣、信長関係なども主流ではないようです。彼らは藤原、源氏系がメインの今の世の手下のような形で存在しています）

最期

紫式部は一度正式な結婚をしていますが、子供を一人産んですぐに旦那（藤原宣孝）は亡くなってしまいました。

その後彼女は独身を通しますが、当時のいわゆる通い婚のような形で、一人男性がついていました。

紫式部にとってはパトロンであり恋人でもあった男性ですが、歴史的にはその男性の名前は明らかにはなっていません。

確認してみますと、式部のところに通ってくる人を「公達《きんだち》」と呼んでいますから、それなりの身分の男性だったと思われます。

彼の名は藤原道長といいますが、彼は宮中の勢力争いではそれほど武闘派ではなかったのですが、頭はよく情も深い人で、勢力図をキープするためにあちこちに情報源（人材）を確保していました。

その一つが紫式部であったということがあります。

しかし単に彼女を利用したというだけではなく、それなりに情も交わしていましたし、面倒も見ていました。

式部は974年に生まれ1031年に亡くなっています。

57歳でしたから当時としては長生きの方でした。
病気とかではなく老衰で安らかに死んでいます。

場所は田舎の方で京都と奈良の中間にあるさびれた田舎で何人かの侍女やお付の人間に看取られています。
割と大事にされていたようで、生活に困ったという感じはありません。
もちろん道長が手当てをしていますが、直接面倒を見ていたというわけではなく、お金を持っていたので、
そちらでフォローはしていました。

彼女の最後の言葉です。

「つきはみかよの…」

で意識が途絶えています。
おそらく辞世の句を読もうとしていたのでしょうが、そのまま亡くなっています。

何を詠みたかったのでしょうか。

「今生では今夜の三日月のように中途半端で、自分の思いはすべて成就したわけではないが、次に生まれて来るときは、思いっきり好きなように生きて満月のように納得して死にたい」

そういう歌だったようです。

第34章　ネルソン・マンデラとキング牧師

・ネルソン・マンデラ

政治家、弁護士
生没年：1918～2013
出身地：ウムタタ（南アフリカ共和国）

大学生時代から反アパルトヘイト運動に参加しANC（アフリカ民族会議）に入党、盛んに活動を行うが1962年に武力闘争組織「民族のやり」での活動が原因で逮捕される

終身刑を言い渡されるも1990年になって白人政権との交渉の末に釈放されるやANCの議長に就任し再びアパルトヘイトの撤廃に精力的に努め、その功績によりノーベル平和賞を受賞（1993年）、翌年には南アフリカ初の黒人大統領に就任した

2013年、肺感染症を再発し死去

・キング牧師

牧師、公民権活動家
生没年：1929～1968
出身地：ジョージア州（アメリカ）

学業優秀で高校時代は飛び級を重ね15歳でモアハウス大学に入学するもベンジャミン・メイズの影響で17歳で牧師になる決意をしクローザー神学校に入学（1948年）、その後もボストン大学神学部の大学院へと進み1954年にはデクスター・アヴェニュー・バプティスト教会の牧師となった

その翌年にモンゴメリー・バス・ボイコット事件運動を指導したことから公民権運動のリーダーとしての頭角を表わし始め、1964年に成立した公民権法の制定に貢献し、ベトナム反戦運動にも積極的に関与するなど意欲的に活動したが、1968年にメンフィス市内のロレイン・モーテルのバルコニーで白人男性ジェームズ・アール・レイに撃たれ死亡した

1963年のワシントン大行進において行った演説（特に「アイ・ハブ・ア・ドリーム（私には夢がある）～」のくだり）は20世紀を代表する名演として名高い

ネルソン・マンデラ

キング牧師とネルソン・マンデラと聞きますと黒人解放運動の旗手とすぐにピンとくる人たちですが、このお二人は地球に残るのでしょうか。

まずは最近亡くなったネルソン・マンデラを見ていきます。

世界的にもノーベル平和賞を授与された彼を悪くいう人はあまり見当たりませんが、彼は地球に残らないという選択をしています。

南アで反アパルトヘイトの闘志として一時は投獄され、大統領にまでなった彼ですが、どうして地球に残らないのでしょうか。

これは南アフリカの実態を知らないと中々分かりにくいお話しなのですが、南アフリカだけではなくほぼアフリカ全土に深く根付く民族・部族間の確執・抗争が大きく影響していました。

それはお互い相容れない「憎悪に近い齟齬《そご》」といったらいいでしょうか、長い歴史の中でのものですからもう「業《ごう》」と呼ぶべきものになってしまっているものです。

つまりマンデラは黒人解放運動をしてはいましたが、それは彼の部族と彼の部族に友好的な黒人だけを、その解放運動との関わりを持たせていたといってもいいのです。

仲が悪い部族は放置されていましたし、今でもそのままです。それは世界には報道されていませんし、一般人はほとんどその実態を知らないでしょう。

ネルソン・マンデラはその部族間の業を主に母親から受け継いでいます。また部族社会では当たり前のように受け取られていましたから、彼の無意識には「部族間の差別」という刷り込みが初めからありました。ですからそれは仕方がないものといえば仕方がないのですが、それでも南アの奴隷解放運動というその運動に影響があったのが問題でした。

南アの黒人差別問題（アパルトヘイト）は全体として改善されて来ています。しかしそこにしかみんなの目がいっていなくて、他の問題は抑えられ、すべて抹殺されてしまっています。

表面の成功の裏にあるまったく変わっていない問題、虐げられた人たちの思いはいまだズッシリとわだかまっているのですが、それはもはやなかったことにされてしまっているのです。

以前のアパルトヘイト時代は南アの全国民の約9割が差別され虐げられていました。そして今はそれが3、4割にまで減ってはいますが、その3、4割の人たち、忘れ去られた人たちにもっと凝縮して反映してしまっているのです。

実際アフリカでは私たちの計り知れないこうした部族間、民族間の憎悪が深く根付き、どんなに表面上の黒人対白人という図式の確執を取り除いても問題は解決しないのです。そしてまたそれは中東などでも同じパターンで紛争がやまないということがあります。

さてそれではネルソン・マンデラはなぜそうした部族間の確執を放置してしまったのでしょうか。先ほども少し書きましたが母親からその思いを受け継いではいますが、「あの部族とは仲良くしちゃいけませんよ」というような具体的な教育を受けているわけではありません。

それはもちろん陰始の指示によるものなのですが、例によって「あの部族は駄目だから放置しろ」というような具体的な指示ではなく、むしろ「気分」のようなもので「あの部族は嫌」という感じの嫌悪感のようなものを受け継いでいます。

そういう感覚がマンデラは自分にあるということに気づきます。

しかしいつの間にかそれを全面的に受け入れてしまった自分をすごく嫌悪し、「もう自分なんかいない方がいい」という諦めが「生きられない」「生きたくない」という方向にいってしまっています。

それはある意味「母親に従うしかない自分」に諦めることであり「母親を選んだ」自分を嫌悪するということでもあったのです。

それでも彼は普通の人と比較すると、限界はあったとはいえ黒人解放運動をあそこまでもっていったというのは世界が認めるまでもなく素晴らしいことではありました。

●それでもダメなのでしょうか

月読之大神
「それでも本人なんだよ」
「本人が生きるのを受け入れられなかったということは、そういうことなんだよ」

●それでは自分に甘い人は多少の陰始波動を纏っていても地球に残れるのでしょうか

「自分に甘い人は、やったことというのは、それもやはり魂には返ってくるのよ」

「だからネルソン・マンデラはやったことの対価が大きいから、自分が嫌だと思わなければ…自分で自分を許せば残れるんだけどね」

「でも自分がもう消えてしまいたいと思ったら、対価もへったくれもなく消えてゆくのよ」

●この人は本当にまじめな人なんですね

「真面目だね」

「熱い人だよ」

●それ故でしょうか

「故だね」

「キング牧師」

キング牧師もまたギリギリのところにいます。

つまり残るか残らないか…気づくか気づかないかそこがギリギリなのです。

月読之大神と私（●）の問答です

●（私）

彼はアメリカの黒人解放に貢献したと思うのですが

月読之大神

「解放しようとはしたけれど、そのルーツというか、その思いがキリスト教の教義にがんじがらめになっている」

●牧師ですからね…それではキリスト教に関わっている人たちはみんな駄目なんでしょうか

「そうでもないのだけれど、そのキリスト教へのこだわり具合というか…洗脳具合かな」

●教会からの洗脳ですね

「そこにがんじがらめになっていると中々気づきにくいようだね」

●でも結構命はって黒人解放運動を引っ張っていった方なんですが、それでもダメなんでしょうか

「そうだね」

「表面的に立派なことをやってもやらなくても、最後の最後に自分が生き残りたいか、生き続けたいかという気持ちが湧いてくるかどうかなんだよ」

●彼は湧いて来ていないんでしょうか

「瀬戸際だね」

●何故湧いてこないのでしょうか

「責める気持ちがすごく強い」

●何を責めるのでしょうか

「キリスト教を責めたり自分を責めたりね」

●キリスト教を責めるのですか…やはりキリスト教が間違っていると思っているのでしょうか

「どこかで思っているね」

●キリスト教は別に責めてもいいんじゃないんでしょうか

「キリスト教は責めてもいいよ・でもその自分を責めてしまっているね」

●自分を責める…

「で、その責める自分を責めるところで杭を打ち込まれているから…」

「親から受けた陰始の薫陶《くんとう》のようなものをね」

●ああ、キリスト教を敬わないといけないとかですね…黒人解放運動は別に悪いことではないですよね

「そうね」

●そこですか、キリスト教の部分なんですね…あんな人でも

「恨みつらみとかだね」

「どうしても何かで押さえつけてる感じだね」

「それを解放してしまっていいんだけどね」

●黒人差別に対する恨みはあまりないですよね

「そっちの恨みはいいのよ」

「キリスト教へのだよ」

●キリスト教へのどういう恨みですか

「救ってくれない」

「うそつきみたいな思いだね」

●何を救ってくれないのですか

「こんなに苦しんでいるのに神は何で自分たちを救おうとしないのか…それね」

●ああ、自分たち黒人の話ですね…なるほど本来そういう恨みは抱いてはいけないんですね

「責めているからね」

「そこに葛藤がある」

●そこに陰始がつけ込んで「地球を離れようね」ということになるんですね

「ちょっと複雑かもね」

●キリスト教の教えがすべてだと思ってしまっているんですね…そこに矛盾を感じて、でもそう感じる自分を責め、しかしキリスト教にも疑問を感じて…

「だから彼はこんな世界には生きていたくない」

●でもキング牧師は本当の地球を知ったらいいいんじゃないんでしょうか

「知ったら残りたいと思うだろうね」

●それならどうなのでしょうか

「最終的にその地球の本当の姿を知りたいと思うのかというのも、また彼の選択なのよ」

●今彼はあの世にいますけど、この宇宙全史のような情報は入って来ないのでしょうか

「欲しいと思ったらね」

●そもそもこれからの地球の推移を見ていたら自ずとわかるんじゃないのでしょうか

「自分が囚われてる世界にいたら遮断されちゃうのよ」

●見えないんですか

「見ようとしない限りはね」

●あの方は本当に素晴らしい方だと思うのですが

「でも結局本人がどう考えるかなんだよ」

●私みたいに自分に甘い人間が一番いいのでしょうか

「自分に甘いっていうことは世界が広がるからね」
(このあたりはジョークに近いニュアンスでお応えいただいています。あまり本気になさらないでください)

●何か腑に落ちないですね

「やったことが返るだけだからさ」

「シンプルだと思うんだけどねぇ」

●私などよりよほどすごいことをした方だと思うのですが

「それぞれの魂がまぁ求めていることだから、どれがどうこうっていうわけでもないんだよ」

●う〜ん、私にはあのような生き方は出来ませんね

「しなくていいんだよ」

「あなたはあなたの生き方で」

●こんなチャランポランで残れるんでしょうか（自分のことです）

（ここで突然五井先生が割り込んでこられます）

五井先生
「目の前のことを全力でやるしかない」

「それでしょう」

この本の中で紹介させていただいた他の人たちでも私は納得できない方がたくさんおられます。みんなそれぞれ何とかしようと思って地上に降りて来ておられます。でもそれぞれ何をしようかと思っているところは異なり、引っかかるところも違います。

月読之大神
「でもそれを、９９・９％で思ってるんだけども後の０・０１％とか０・１％でもっていかれちゃうのよ」

「陰始にね」

「すくわれてしまう」

「でもそれはそれで…」

第35章　ヤマトタケル

古代日本の皇子
生没年：202〜243
出身地：不詳（日本）

景行天皇と播磨稲日大郎姫の息子として生まれる
父の命に従い西は九州地方、東は東北地方まで遠征し土着の民を次々と制圧するも東征からの帰路で伊吹山の神に挑んだことが原因で病を患い、故郷の大和に辿り着くことなく「能褒野《のぼの》」という地で果てたとされる

神話としてのヤマトタケル

ヤマトタケルの神話は少しくらいなら皆さんご存知だと思いますが、その正式な発祥は古事記（712年）と日本書紀（720年）にあるようです。

それぞれヤマトタケルに関してだけでもかなり異なる記述がありますが、いずれの史書も天皇家に都合のいいように書かれたものですから、実際に古代の日本を調べてみますとバカバカしいくらいにお粗末な歴史が展開されていきます。

それは世界史でも同じですが、人類の歴史はまさに愚かさの歴史といってもよいと思います。いつまでも自分たち（支配者）の都合のいいように改ざんされた歴史を、都合のいいように受け取る自分たち（被支配者）であることをやめ、真実を直視する時代に入って来てはいるのですが、果たしてその変革を受け入れることが出来るでしょうか。

地球原人としてのヤマトタケル

本来この本ではヤマトタケルを収録する予定はありませんでした。

しかしガンジーの章を収録する中で陰始と地球原人のハイブリット（かけ合わせ）が存在するというお話しが出まして、それでは何かその具体的な例を歴史的な著名人で挙げてほしいとお願いすると、かろうじて「ヤマトタケル」という名前が出て来たのです。

かろうじてというのは純粋なハイブリッドではなく、色々ややこしい事情があるようですので、ここではその事情も含めてやや詳細に掘り下げていきます。

陰始が地球原人とのハイブリットを造るということはたまにあるようなのですが、それは陰始という存在は地上に出たとき、肉体が非常に弱い存在が多いということがあり、地球原人の頑強でエネルギッシュな肉体との融合を望む場合があったからでした。

永い地球の歴史の上ではそういう模索を陰始もやっているのです。

それは単に狡猾な頭と健康な肉体が欲しいという単純な理由からだけではなく、そういう混合された血をたまに陰始の系統に入れておかないとまずいという何やらよく分からない理由があったからでもありました。

さてそのハイブリッドとしてのヤマトタケルですが、先ほど「かろうじて」ハイブリッドという中途半端な表現をしていましたが、それは頭が陰始というのではなく、つまり狡賢《ずるがしこ》いとか陰険だというわけではなく、陰始に操られている地球原人という感じになっていたのです。しかも肉体も地球原人といった割にはそんなに強くはなく、ハイブリットといってもどうもその程度だったようです。

タケルは景行天皇の子供ですから、景行天皇とその妻のかけ合わせなわけです。そうしますとその親のどちらかが陰始系でありどちらかが地球原人ということになります。そこを探ってみますと、陰始系は景行天皇ですが、純粋な陰始系というわけではなく、陰始に操られている人間で、母親の方は物静かなほとんど自分の意見などいわないようなおとなしい人ですが（意見をいわないというより意見がない）この人も陰始系になります。

そうするとヤマトタケルはどこから地球原人の血を入れているのでしょうか。

よく調べてみますと景行天皇の異母系の姉というのがいて、それが原人でした。

そうするとタケルはその母親の姉の子供だったのかと思ってしまいますが、ややこしいですが景行天皇の異母のお姉さんとタケルのお母さんが異母姉妹《きょうだい》だったということのようです。どうも地球原人とダイレクトに血がつながっているというわけではないようで、彼が陰始と地球原人のハイブリットとはいいましてもいわゆる「なんちゃって」ハイブリットのようで、そのためにヤマトタケルが肉体的にそう頑強でもなく、思考形態も陰湿、陰険ということでもなかったのです。

もし本当に陰始が地球原人のエネルギッシュな血が欲しくて、それを家系に入れたいのならなぜダイレクトに景行天皇の異母系の姉にタケルを産ませなかったのでしょうか。

ここでは景行天皇の母親がそれを阻止しています。この母親も強烈な陰始系で、もちろん原人の血は取り入れたかったのですが、その原人が強すぎたということがありました。ただその妹（タケルの母）は原人そのものではなかったのですが、原人のそばにいたためそのオーラだけはまとっていたのです。そのため同じようだけど少し弱い原人と勘違いして彼女を家系に入れているのです。

景行天皇の母親は陰始からの指令を受けて原人を家系に入れようとはしていますが、その指令は明確な文章による指令ということではなく、何となくそういう嫁をこの子に添《そ》わせたいという気分のようなもので指令が来ています。そのため気分といいますか好き嫌いで選択していきますので、そういうぼんやりした結果になることが多いようです（陰始といえど地上にその意図を明確に反映させることはそう簡単ではないようです）。

ヤマトタケルは巫女（シャーマン）だった

ここではヤマトタケルの歴史上の真実を細かく検証することはしません。

ただタケルという人物の大まかなプロフィールを解明しておかないと、この本のテーマである「彼が地球に残るかどうか」の検証が出来ませんので、もう一つの大事な要素である「タケルの巫女性」を検証していきます。

伝承ではタケルは非常な力持ちであったとなっていますが、実際に力はそんなになく、決してムキムキマッチョでもなく、少しナヨッとしていて、ハンサムであったともいわれていますが、確かに様々な色を纏《まと》えるマルチな美貌はありました（これも理解しにくいですが、今風でいいますとあのマスク美女の「ざわちん」さんのような感じで、素顔は特別どうということはないのですが、衣装を変え化粧すれば色んな女性に変化できるという風貌でした）。

それではタケルの巫女性とはいかなるものだったのでしょうか。巫女というジャンルは女性のものですが、タケルはかなり女性っぽい部分がありましたので神官（宇宙全史では男性の巫女版をこう呼びます）とは呼称せず、巫女とカテゴライズします。

また巫女、神官というのは上位の存在から通信を受ける能力を有するものをいいます。「上位」といいましたがその存在は「支配する」あるいは「コントロールする」という意味で「上位」という位置づけになっていますが、決して「良い」「悪い」「正しい」「間違っている」という判断基準でないことは承知しておいてください。

このタケルの場合も受け取る通信は「陰始」からのもので、事実関係に信憑性《しんぴょうせい》があるため「本物か?」と判断してしまいますが、タケル自身(タケルの魂)はその通信との間で葛藤します。

景行天皇

タケルの懊悩を云々する前に彼を取り巻く環境を簡単に書いておきます。

まず彼の父である景行天皇ですが、当時はまだ天皇という単語は存在しませんでした。

日本の統一もまだで、ほぼ統一されるのは米原平原に都が造られた、仁徳天皇の前後あたりで、天皇という呼称もその頃からのものになります。

それまでは「大君《おおきみ》」とか「大王《だいおう》」と呼ばれていました。つまり景行天皇の頃はまだ地方の大豪族の一つに過ぎず、そこから他の豪族を併合していって次第に日本を統一していったのですが、そうした記録は古事記か日本書紀に頼るしかないのですが、共に天皇に都合よくまとめた「天皇神話」に過ぎず、綺麗ごとに纏められた寓話や嘘で固められた史実とされるもの以外の真実はどちらにも見出せません。


少しテーマがずれてしまうのですが、ここで日本史に関わる基本的なことを少し書いておきます。

景行天皇の時まだ天皇という呼称がなかったと書きました。

日本史における天皇の呼称は古事記、日本書紀によって始まっていきます。

そもそもこの頃の日本語はどうなっていたのでしょうか。そこから少し調べてみました。

当時使われていた日本語はあまり複雑な言語形態を持たず、かなり単純なものでした。当然北方から入って来た言語、大陸（中国、韓国）系のもの、南方（沖縄方面）系とそれぞれの言語が入っていましたが、基本シンプルでしたから、北方系の人たちと南方系の人たちが戦になり、終戦後どのように和睦をしているのかを見てみますと、そんなに言葉に困ってはいないようでした。

やはり言葉自体がシンプルですから、身振り手振りを交えたもので大体通じていたようです。ただ今でいうところの通訳のような人がいました。

南方の言語も北方の言語も大体わかるという介添え役のような人間がいて、それは結構あちこちで重宝されていたようでした。

しかし現代の日本語の語源となる日本語がほぼ確立されていったのはこの時代よりももう少し後になります。それは先ほど少し触れましたが古事記、日本書紀という（創作された）歴史書が核となっているのです。

記紀は共に大和言葉で書かれていますからその大和言葉を日本語に統一していこうという意図がありました。しかしそこには言語の統一ということだけではなく、天皇という系譜を作り上げることで自分たち支配者層に都合のいい歴史を古事記、日本書紀により創作していったのです。

とりあえずこうした歴史書を出してしまえば早い者勝ちで、他が出していないからそこに集約するしかなく、日本の歴史も、天皇という系譜も、日本語さえも記紀に集約され、記紀から徐々に波及していったのです。

（実際に記紀は５００年後半位の頃から作り始め、近畿の人たちがそこから約１００年かけて編纂《へんさん》していきます・言語の統一ということでも、特別「いろは」や「あいうえお」等の言語規則を定めていったということではなく、記紀を作ることですべての価値づけを中央（ヤマト）集権という形に導いています）

月読之大神

「まず自分達の正統性というかルーツ」

「そっちを確立させるためだけどね」

「いち早く名乗りをあげてしまう」

「自分達が中心なんだという名乗りをあげてしまうことね」

「王朝としての名乗りというか」

さてそれでは再び景行天皇のお話に戻ります。

（ここでは面倒なので景行天皇という呼び名のままで書いておきます）

彼は自分が天皇になる前に兄弟を殺しています。地位争いでしたが、この男は自分以外は敵だとみなすような人で、たとえ親兄弟であろうが子供であろうがすべて自分のライバルで、地位や財産を脅かすものとして見ています。

元々非常に情が薄い人間で自分しか愛していない人物でした。

史書では景行天皇の命に背いた兄の大碓《おおうす》を弟のタケルに連れて来るように言い渡し、タケルがその馬鹿力で兄を殺してしまったので、恐れてタケルを九州征伐に行かせたとありますが、実際は景行天皇が大碓をタケルに殺すように命じています。

この時タケルは兄を「紀ノ川」（今の和歌山県）に逃がし、父の景行天皇には「殺してしまいました」とそこらにあった背格好が似た野ざらしの死体の顔をつぶして加工し、それを見せて納得させています。

その時は景行天皇も一応ほめていますが「自分も同じような目に合うのではないか」と内心はタケルを恐れています。

そのあたりから彼はタケルを自分のそばから遠ざけるために地方への征伐に行かせるようになります。

幼い頃タケルは近所の子供たちと一緒に遊ぶごく普通の子供でした（当時は豪族の子供も農民の子供も同じように外で遊びまわっています）。

その頃は普通の子供としてタケルも幸せでした。しかし父から「あそこに行って領地を奪って来い」と命令されるようになるとタケルの中で葛藤が生じていきます。

タケルには「父に認められたい」という子供としての情がありました。その情に周囲の者から吹き込まれた重苦しい言葉がまとわりつきます。

タケルは巫女ですから父親から愛されていないということは知っていましたが、周囲の女性たちから「お父さんの気分を害してはいけないよ」「そうすると私たちが困ってしまうから私たちのためにちゃんとやってね」みたいなことを、母親の周りにいる叔母などの女性たちから吹聴されています。

「自分を認めるんじゃなくて、お父さんのために、自分を我慢しなさい」みたいなことをガンガンいっています。

自分のことしか考えていないものすごいクズの集団です。

それでタケルには吐き気がするほどのプレッシャーがいつもあったのです。

それでも「これをやったら認めてもらっていつかここから逃れられるんじゃないか」という思いは常にあったのです。

しかし次から次へと出征を命じられ、「愛されてはいない」と分かってはいても「認めてほしい」という思いが濃くなっていったのは否めないところでした。

オトタチバナヒメ

ヤマトタケルの妻（正式ではないのですが）であったオトタチバナヒメも同じようなことをいっています。彼女は伝承ではタケルの遠征時に同行した際、海上で嵐にあい、その身を海に投じてタケルの船を守ったとして日本の女性の鏡とされている女性ですが、彼女もやはりタケルに「お父様に認められることがあなたの幸せ」といっています。

彼女は彼女で小さいころからそういう風に洗脳されて来ています。それを英才教育というのかどうかは怪しいのですが「一族存亡のカギを握るのはあなただよ」風なことを延々吹き込まれているのです。

ちなみにこのオトタチバナヒメも巫女でして、陰始の影響は深く受けています。

彼女が身を挺して海に飛び込んだという「美談」は、彼女なりの考えで「自分が犠牲になるという形で中心人物になれるという何かを残す」という思惑が深くありました。その行為は決して純粋な愛の行為ではなく、自らの名誉欲に殉じた汚れたものでした。

よくそんなクズがそういう行為が出来るものかと思いますが、

月読之大神

「クズだからよ」

というお答えが即座に降りて来ています。

ただ彼女の中にはそういう名誉欲だけのためだけではなく「その人のためになりたい」という思いもありました。

巫女というのは一種の「生贄《いけにえ》」という意味合いもあり、そういう意味でただ良い格好したいからだけではなく「その人の記憶に刻みつけたい」という思いもあったのです。

それでもクズはクズなのですが、それはもう私たちがこの宇宙のクズということと同じような意味合いでの「クズ」ということになるのでしょうか。

近代まで残っていた「封建制度」という名の呪縛は、すでにこの頃から「家系」「血筋」「身分」「男尊女卑」等の「自分（たち）を守る約束事」として人々の心にはびこっていきます。


タケルはそうした呪縛や陰始からの指令と自らの純粋な魂との葛藤で苦しみます。

通常は奥底に押し込められていますが、命の危機になるとたまに顔を出します。命の危機とは肉体の危機ではなく「魂の危機」で、父親に嫌われ、恐れられ、気味悪がられ、死んでも構わないからとあちこちの戦に派遣されている自分がどうにもいやになってしまう時、そういう時にはタケル自身の本心が顔を出しています。

逆に肉体の危機には陰始がタケルを救っています。

計らいごとでちょっと思いもよらないようなことやセオリーにないことは全部陰始の入れ知恵で難を逃れていたのです。

ですからタケルの伝承には統一的な人格があまり見えないような印象があるはずです。例えばものすごい力を持った豪傑、美女に扮したなよっとした細身の男、連戦連勝の戦をこなす豪傑、狡猾な手段で敵将を殺してしまう陰気な将等々、そのビジョンはつかみどころがありません。

地球に残らない選択をしたタケル

宇宙全史では何年か前に日本史を収録し始めたことがありました。神武天皇あたりから始めたのですが、聖徳太子にたどり着く前にあまりのバカバカしさに一旦中止していました。

私は「バカバカしい」と見切ってしまえばいいことなのですが、タケルはシャーマン（巫女）であり、またその渦中（天皇の系譜）にあった存在ですから、自分の中のその血塗られた、呪われた家系が見えてしまっています。

それが嫌で嫌で仕方がなかったということがありました。

それは「憎悪」に近い感情でした。

彼はそれ故地球に残ることを拒否しています。

戦では多くの人を殺していますが、それは戦という有り様の中ではごく当たり前のことで、元々彼自身はまともな人でした。

タケルの集合魂

彼の集合魂は一言でいいますと「陰始に深く関わる集合魂に関わる集合魂」となります。

ややこしいですが「陰始の渦中に異分子としてわざわざそこに飛び込んでいく者」ともいえます。ところがこの時は陰始の影響力を薄めようと入り込んだのですが、取り込まれてしまった…支配されてしまったということのようでした。

当初は「打破できる」と思っていたのですが甘かったようでした。

集合魂は「その甘さも重々承知」としていますが、承知しきっていないのも見えています。

もしそうならもっと強いキャラを出すべきでしたが、タケルを出すというのはその時の集合魂の限界ではありました。

現在タケルは幽冥界で「一人ポツンと消えていくのを待っている」という風情です。

彼の周りには彼を助けたいという人たち（集合魂の仲間です）が取り巻いているのですが、彼は何か顔をそむけてしまっています。

今回もブルース・リーの時のように何とかしてみようとするのですが、殻が硬くてどうにもなりません。

五井先生にお伺いすると、

「待つ」


とおっしゃいます。

そんなわけで待つことにします（捨て置かれるような集合魂ではないようですので、五井先生が何とかして下さることでしょう）。

ヤマトタケルもそうですが、坂本竜馬も同じく五井先生たちは「待つ」というスタンスで見ておられます。

力道山やブルース・リーとは異なり、大きな魂に関しましてはどこまでもその自主性に委《ゆだ》ねるというといいますか、その魂（を含む関係者たち）を尊重するという立場を保持されています。

あとがき

この本は、主にこれからの地球に残るための指針となるべく書かれて来ましたが、陰始の更なる実態や人の魂の複雑な有り様なども合わせて解明されています。

「この後未曾有の人間が地上から消えていく」

そういう言葉が降ろされたのは最近でした。
もちろんそれは「20年後世界人口は半分になる」という本の中ですでに明かされていたことですが、私の中では「何とかなる」程度の甘い考えがあったことも事実です。
このままではそうなるかもしれないが、何とかなる、何とかしたいという希望的願望とでもいうのでしょうか、そういうものがあったことは確かです。
実際そういう動きも想念界では見えていたのですが、地上の様子は相変わらずでしたので、どうにもよい方向に向かっているとは思えないのも事実でした。

ひとつには「私が覚醒すれば何とかなる」という安易な思いもありましたが、それはとうの昔に消えています。
その葛藤は非公開情報に詳しく書いてありますが、相変わらず続いてもいるのです。

私の宿命として「常にギリギリ」というのがあります。

もう間に合わないとは思っているのですが、ギリギリが好きなわけでもないのですが「ただ成すべきことを成す」というスタンスは、上の方たちには受けがいいようです。

今私はある修法の過程にあります。

この本の空海の章にありました求聞持法に似た修法ですが、私たちのワークである宇宙全史のために今回降ろされたものでもありますので、とりあえず「宇宙全史求聞持法」と名付けてあります。

求聞持法やこの宇宙全史求聞持法の詳しい事は非公開情報10で明らかにされる予定ですが、この修法の特徴が「かなり強力」ということがあります。

これまで修行しても修行しても、どれだけエネルギーをためて来ても、陰始の包囲網からは中々抜け出られなかったのですが、どうもこの修法にはそれに打ち勝つだけの強力なからくりがあるようです。

今朝は2016年1月25日ですが、2月3日の節分が冬至の後のひとつの区切りとなります。

それまでにこの本を仕上げる事と、宇宙全史求聞持法が成就できるかどうか、日常生活と仕事をこなしつつのややこしい状況ですが、

「多少節分をまたいでもいいよ」

というあまりのせわしなさに温情を見せて下さった月読之大神ですが、それに出来るだけ甘えることなくがんばりたいと思っています。

やわらかいお祈り

私は幸せでありますように
私の悩み苦しみがなくなりますように
私に悟りの光が現れますように
生きとし生けるものがみな幸せでありますように

世界平和の祈り

世界人類が平和でありますように
日本《にっぽん》が平和でありますように
私《わたくし》たちの天命が完《まっと》うされますように
守護霊様　守護神様　五井先生有難うございます

これらの祈りは宇宙全史における基本になる祈りです。

世界平和の祈りが中々祈れないという方には、まずやわらかいお祈りをしていただくと、自ずと世界平和の祈りが唱えられるようになっていくはずです。

宇宙全史のワークでは、これらの祈りを強制するものではないのですが、自らを助けたい、楽になりたい、更なる厳しい段階に進みたいと願う方たちには強力なメソッドとなるはずです。

私の陰始度が1％なのはひとえにやわらかいお祈りのおかげでもありました。

また私が宇宙全史のワークに導かれたのも、世界平和の祈りのおかげですから、これらの祈りは人それぞれを、それぞれの最も適した進化過程に導くというガイドでもありメソッドそのものでもあります。

宇宙全史のワークには多くの上級神霊の方々が関わっておられますが、

月読之大神《つくよみのおおかみ》

五井先生

植芝先生

天照大神《あまてらすおおみかみ》

アンドロメダのみなさん

この方々がメインになっていますが、その他にも必要があれば様々な存在が常に関わってこられます。

おそらくこの本は私の一つの段階が終わる寸前に書かれたものになると思われます。

2016年2月3日の節分を分岐点として、地球も私も人類も大きく変化していくことになるはずです（本当の分岐点は2015年の冬至でしたが、地上に現れる現象としては節分が明確なものとなります）。

私がこの宇宙全史のワークを始めたころ、寝ているときに異常な現象が起きていました。

通常の夢ではない状態で、どこからか複数の見知らぬ存在がワラワラ私を見学に来るのです。

あれは何だったのか上の方々に確認すると、

「ただの物見遊山だろう」

というお答えでしたが、どうもそんな感じではなく、

「こいつが……か」

という感じの訪問のようでした。

この「……」が問題で、私が何かをしでかす者として見学に来ているという感じだったのです。

その「何かをしでかす者」とは一体なんだったのでしょうか。

それはいまだに謎ですが、今度の節分が過ぎますと、それも次第に明らかにされていくかも知れません。

（ここからのこの文が節分前の最後の文章になります。あと一週間で節分という時、私に降ろされたのが「あなたは一種の実験だった」というのがありました。その意味はややこしいのでいつかまたどこかで書きますが、遊撃手（私の本体）を地上に降ろすとどうなるかというのを見てみたい…という少し謎めいたお言葉がありました。そこには一種危険な香りが含まれるニュアンスがありますが、それでも多少のリスクを承知でそこまでやらなければならない状況というのも何かしら理解は出来るものがあるのです）

「宇宙全史第1巻　地球全史 篇」

目次

●エル・ランティ一回目の転生「ラ・ゴーツ」
（洞窟村の村長さん）
●サタン
●サタン1回目の転生（758万年前）ヘレム
●サタン2回目の転生（531万年前）ヨワヒム
●サタン3回目の転生（234万年前）シェザーレ
●サタン4回目の転生（28万年前）女性
ルシフェル

第5章　地球全史2

●恐竜人間プロジェクト
地球史上最悪の事件
人類の恐怖時代
時空のひずみ
●恐竜プロジェクト（2億7700万年前）
●時空のひずみの修正
●仏陀転生
●JUMUの姿勢
●3億5300万年前デボン紀の大絶滅
●石炭紀（3億5000万年前～2億9500万年前）
石炭層の謎
●ペルム紀（2億9500万年前～2億5000万年前）
●ペルム紀の大絶滅（2億8400万年前）
史上最大の氷河期
●三畳紀（2億5000万年前～2億年前）
子供だけの人類の時代
●エル・ランティ（ラ・ゴーツ）転生・2億4700万年前
●三畳紀の大絶滅
ポールシフト
隕石落下
●ジュラ紀（2億年前～1億3500万年前）
●ディモルフォドン（初期翼竜 1・5～2・5メートル）
●クリオロフォサウルス（7メートル前後・今の南極に生息）
頭のとさかの秘密
●プラキオサウルス（ジュラ紀後期・25メートル）
性器にあった1本の骨
●始祖鳥（ジュラ紀後期）
●ステゴサウルス（北米）トゥオイイアンゴサウルス（中国）
●ジュラ紀後期～白亜紀前期
●史上最大の恐竜（白亜紀）
●地上で最大の恐竜
●1億8600万年前「イシュタル文明」
●ジュラ紀の大絶滅（1億3500万年前）
●白亜紀（1億3500万年前～6500万年前）
●スピノサウルス 11メートル 白亜紀前期
（1億2500万年前～9500万年前）
●テリジノサウルス（大鎌トカゲ）白亜紀後期
巨大な爪のわけ
●ティラノサウルス 8000万年前～6500万年前
Tレックスは主流ではなかった
どうやって寝ていたか（姿勢）
Tレックスのセックスと受精・産卵
呼吸は窒素代謝（青緑色の血）

第6章　地球全史3

「宇宙全史　質疑応答1」

目次

「宇宙全史　質疑応答2」目次

まえがき

あとがき

「宇宙全史　質疑応答3」

目次

第5章　虚空蔵55の正体

●「本文より」←

私たちは覚醒するまでは全員例外なく「黒魔術」にかかっています。

どんなに立派なことをいっていても、どんなに立派な行いをしていてもその行為は偽善と自己保身、自己顕示欲の裏付けに過ぎないのです。

中世のヨーロッパで頻繁に行われた「魔女狩り」というものがありましたが、魔女が使う「黒魔術」を当時の人々は恐れ、手当り次第に教会と共に魔女と決めつけた女性を火あぶりにしていました。

しかし本当に黒魔術にかかり、その黒魔術をかけてもいたのは火あぶりにしていた人々でした。私たちはその時も今現在もすでに「黒魔術」にかかっているのです。

その黒魔術は親から子へ、教師から教え子へ、政治家から民衆へ、会社の上司から部下へ、友達から友達へとかけられ、またかけ続けてもいるのです。

私たちは戦争というものを嫌っています。しかし相変わらず世界のどこかでは紛争、戦争が続いています。

私たちは平和で幸福な人生を願っていますが、どこかで誰かが無駄遣いをしているために、高い税金と過酷な労働、日常性の決まりきったルーティンにはめ込まれているのが現状です。

それはまるでモルモットがクルクル回るカゴの中で、死ぬまで走る続けることを強制されているようなものですが、しかしそれを望んでいるのも人々なのです。

それは人類そのものが黒魔術にかかり、また黒魔術を他人にかけ続けているからということでもあるのです。

私はその黒魔術から皆様を解き放とうとしているのですが……

「宇宙全史別巻　20年後世界人口は半分になる」

目次

第3章　20年後の新たな地球

第4章　なぜ地球（世界）は反転したのか

以上、目次を紹介した「宇宙全史1 地球全史篇」「宇宙全史質疑応答1」「宇宙全史質疑応答2」「宇宙全史質疑応答3」「20年後世界人口は半分になる」の書籍はまんだらけのホームページからの通販でもご購入できますし、電話、お手紙でも申し込めます。

お気軽に通販部あてにお問合せください。

電話　03―3228―0007
住所　〒164―0001東京都中野区中野5―52―15
株式会社まんだらけ 通販部

※非公開情報の取得は現在（２０１６年２月）定員に達しクローズしています。以下の文章は、クローズ以前の取得手順です。非公開情報に関しましてはリアルタイムで変更がありますので、なるべくウェブ上で確認して頂くか、パソコンが苦手な方はまんだらけに直接お電話いただければお答えいたします・宇宙全史担当までご連絡ください。

「非公開情報」について

（これは通常の通販では購入できません）

現在非公開情報は取得資格を得たのちに購入することが出来るものが6冊あります。目次を公開できるものは書いておきます。

非公開情報の資格取得方法は、

① まんだらけの株を1単元以上購入する（現在1単元は１００株になっています）

② 株を購入したら、購入日付と証券会社名を書いて「非公開情報権利取得希望」と書いてメールか手紙でまんだらけに送る（ウェブ上にはそのフォームがありますから、そこからお申込みの方はその手順でお願いします）

③ 非公開情報の取得権利を得た方には、シリアルナンバーが発行されます（シリアルナンバーは再発行いたしません。ご自分で厳重に管理してください）

④ この時点から非公開情報を取得できるようになります

⑤ 後に株を売却された方はその資格を失います。あくまでも株をお持ちの方のみの権利となります（売却ののち再購入された方は、新規でのお申し込みとなります）

非公開情報は１部１０００円です。お１人が１部しか購入できません。なお「非公開情報１」はその性質上既に購入は出来ません。３は発行されていない状態です。

「非公開情報2」

- T・Uの実態
- 呪いの糸
- エゴに振り回された軍神
- エル派閥の実験体としての高橋信次
- 高橋信次に入っていた6体のエル
- エル・ランティとエル・カンターレの確執
- 十二体のエル
- O・Rの天命・敷衍
- その前世
- 持ち越された霊界のカルマ
- リンカーン（エル・メイ）の実態
- エルたちの由来
- エル派閥を離脱したエル・ミオン
- 消えたエル
- エルの故郷・エローラ・ヴィーダ
- エル・ランティの素性
- 9・11アメリカ同時多発テロにおける機密情報

「非公開情報4」

（目次も非公開）

「非公開情報5」

はじめに

再び私という存在の謎

世界を滅ぼした私

瀬戸際の宇宙

今回はここまで
（書き残した部分です）

←

●最前線の指標（印）
●反転する攻撃
●私の覚醒
●太陽を見る
●光のコイル
●最後の攻防
●おまけ（イルプロラシオンの覚醒した３人）

「非公開情報8」

第1章「どっぺんの前世」（リアルな転生と集合魂）

1・「ベニスの商人」
2・「腑分けに興味があった」
（手に持つナイフの意味）
3・「暗い情動の源」
4・「頑固さと頑迷さ」（当時の天命）
5・「集合魂というものの本当の有り様」
（今生につながるサメ狩りの時とベニスの時）
6・「エゴを薄くしていくと集合魂との
同通が出来るようになる」
7・「どっぺんさんの集合魂の意図」
8・「集合魂のカルマの刈取り」

第2章「スバルの転生の謎」

1・「集合魂が持つエネルギー」
2・「ついに明かされる真実の前世」
3・「蠱毒」
4・「スバルさんに求められるもの」
5・「エンディング」
6・「その後のスバル」
7・「ワームと魔女」

宇宙《うちゅう》全史《せんし》別巻《べっかん》2　誰《だれ》が地球《ちきゅう》に残《のこ》るのか

2016年2月25日　初版発行

著　者　みわ
虚空蔵55

発行者　古川益三
発　行　株式会社まんだらけ
東京都中野区中野5-52-15　〒164-0001　電話03-3228-0007
印　刷　共同印刷株式会社
ISBN978-4-86072-119-0　C0011